Por Eva Fernández

Es una guía básica que te ayudarte a dar los primeros pasos para lograr el éxito.

Prologo .... Pág. 5

Introducción .... Pág. 9

Capítulo I.   ¿Quien te lo dijo? Pág.13

Capítulo II.   Cuidado a quien escuchas Pág.27

Capítulo III.   Somos lo que pensamos Pag.39

Capítulo IV.   El primer paso Pág.55

Capitulo V.   ¿Eres cobarde o valiente? Pág.69

Capítulo VI.   Malos hábitos, malos resultados Pág.83

Capítulo VII.   Tu familia y amigos Pag.103

Capítulo VIII.   Igualdad y progreso Pág.115

Capitulo IX.   Inicia una empresa tradicional sin capital Pag.133

Capitulo X.   El negocio moderno del siglo 21 .... Pág.153

Capitulo XI.   Sinceridad y el Mero Mero Pag.175

Capitulo XII.   Guía para diseñar el manual de tu vida Pag.185

Por Eva Fernández

Prologo

El ser humano fue creado con dos capacidades o facultades mentales básicas e importantes para su existencia y subsistencia. Estas son: la capacidad de pensar y la capacidad de decidir. Y es en estas dos capacidades o facultades que reside el poder del ser humano... De tal manera que todos podemos decir sin ninguna duda que TENEMOS EL PODER.

El poder se puede aumentar o disminuir, dependiendo de cómo nosotros desarrollemos nuestras facultades.- La mayoría de personas hacen poco o nada por ejercitar o desarrollar sus facultades mentales y en vez de sentirse capaces, se dejan dominar por complejos que son contrarios al poder, que son el complejo de NO PUEDO y el complejo de NO ME LO MEREZCO.

Nuestros pensamientos y nuestras decisiones diarias construyen la realidad de nuestra vida, y el estilo de vida que tenemos, solo es el reflejo de nuestros pensamientos y de nuestras decisiones. No se necesita ser un genio para interpretar los pensamientos de una persona, porque se reflejarán elocuentemente en todos los aspectos de su vida.

QUIEN TE DIJO QUE NO SE PUEDE?... ESTOY SEGURO QUE USTED MISMO SE ENCONTRARA en las páginas de este maravilloso y práctico libro, de mi amiga EVA FERNANDEZ y se dará cuenta que las voces que nos hablan son nuestros pensamientos los cuales se reflejan en nuestras decisiones.

Dr. Daniel Quiroz

Introducción

¡Qué día más maravilloso aquí, en la capital política del mundo! ¡Vaya!, siempre me emociona venir a Washington, hoy más que nunca porque este día he dado el primer paso para realizar una de mis metas que hace unos años era solo un sueño, escribir *¿Quién te dijo que no se puede?* Este libro que tienes en tus manos, decidí escribirlo hace muchos años, pero no me atrevía a iniciar porque tenía temor al fracaso, aun cuando mi corazón me decía que sería un "bestseller".

Siempre vi este libro terminado en mi mente, no sabía ni el nombre, pero sí tenía claro que lo escribiría. El primer lugar donde debes diseñar y construir tus metas futuras es en tu mente. Varios de los capítulos han sido escritos y borrados muchas veces antes de publicarse.

Cuando tú quieres algo con todo tu corazón y con toda tu mente, tarde o temprano se hace realidad, yo nunca pensé si con este libro podría ganar dinero, mi anhelo es llegar a tu corazón con lo que aquí escribo y compartir muchas experiencias que me han funcionado a mí y a otros a lograr nuestras metas. Sé que si lo atesoras y pones en práctica las cosas básicas que aquí aprendas, te ayudaran a mejorar tu vida y ese es el verdadero propósito de este libro.

Hace más de una década empecé a decirles a mis amigos y familiares que escribiría este libro, muchos de ellos, pensaron que era una buena idea y otros dijeron que era otra de mis locuras, pues yo no soy escritora, algunos hasta me desanimaron diciéndome que buscara hacer otra cosa, pues esto sería un fracaso. "Perderás tu tiempo y tu dinero", me insistieron, pero yo persistí hasta terminarlo.

En verdad me siento emocionada, agradecida con Dios y el universo por haberlo finalizado y publicado. Este ha sido mi sueño llegar a mucha gente en todo el mundo, personas que como yo tienen grandes sueños pero están dudosos de cómo iniciar el proceso de convertirlos en una realidad. Algunos por miedo a la crítica nunca empiezan ese gran proyecto que tienen en mente. Hoy juntos daremos inicio a una jornada que nos llevará paso a paso a dar inicio a una gran carrera hacia el éxito.

El 23 de septiembre del 2011 en Washington di mi primer paso y empecé a escribir el primer capítulo, hoy Septiembre del 2015 lo he terminado.

¿Quién te dijo que no se puede?

Recomendación

Lee cada capítulo de este libro con actitud positiva; si así lo haces, veras como la forma de ver la vida y a los demás habrá cambiado; ya no verás las cosas tan difíciles, pero presta atención, recuerda que para mí no fue fácil escribirlo. No te olvides que yo no soy escritora, un escritor pudo haberlo escrito en unos días o meses, yo le dediqué casi una década de mi vida. Con pasión y amor genuino para terminarlo, espero que hagas lo mismo que yo y le dediques atención verdadera y atesores en tu corazón lo que aquí aprendas.

Cree en ti mismo y decide donde quieres llegar en los próximos años y verás como todo será más fácil, recuerda que nadie llega a su destino sin dirección. Además nadie podrá diseñar ni construir tu plan de acción para tu futuro, solo tú, todo está en tu mente y en tus manos. Este libro, será una guía fácil que te ayudará a reconocer que es lo que te detiene y por qué aún sabiendo que eres capaz de hacer cosas grandes no te atreves a dar el primer paso o has dejado de avanzar en tus metas

Si se puede

Capítulo I.

¿ Quién te lo dijo ?
★ ★ ★ ★ ★

Te creíste todo lo negativo que te dijeron

Alguien te dijo que tú no podías y tú te lo creíste. Esa es una de las razones principales por la que se te hará difícil salir adelante. El riesgo del fracaso está presente en todo momento si no detectas y combates hoy mismo el virus del temor que alguien sembró en tu mente. Debes exterminarlo de inmediato y empezar a creer que eres capaz de lograr lo que quieres en cualquier área de tu vida. Así lo han demostrado muchos hombres y mujeres a lo largo de la historia y gracias a sus sueños y perseverancia han logrado cambiar hasta nuestras vidas.

Thomas Edison, por ejemplo, aquel empresario de Nueva Jersey que se convirtió en un prolífico inventor; durante su vida adulta planteaba y desarrollaba un invento cada quince días y llegó a patentar más de mil inventos. Gracias a él la humanidad alcanzó grandes avances tecnológicos, uno de sus más exitosos inventos fue el bombillo eléctrico que fracasó miles de veces antes de lograr el éxito. También Henry Ford, otro creativo estadounidense, que aunque no inventó el automóvil, fue el responsable de que los automóviles se popularizaran tanto en el siglo XX, convirtiéndolos de una curiosidad carísima en un práctico y conveniente medio de transporte.

¿Quién te dijo que no se puede? *Por Eva Fernández*

Otro es el caso de los hermanos Wright, que pasaron de fabricar bicicletas a revolucionar la aviación mundial, por su puesto, ellos han tenido que enfrentar retos que a simple vista parecían imposibles de conquistar. Muchos pensaron que las palabras del presidente John F. Kennedy eran demagógicas cuando se refirió a la conquista del espacio. No obstante, pocos años después la tripulación del Apolo 11, compuesta por Neil Armstrong, Edwin Aldrin y Michael Collins, consiguieron llegar a la luna, cuya misión es considerada como uno de los momentos más significativos de la historia de la humanidad y la tecnología.

Otra gran logro que parecería imposible de realizar por el ser humano fue el ascenso del Everest, la montaña más alta del mundo, con más de 8 mil metros de altura; la que fue escalada por primera vez el 29 de mayo de 1953, por el montañista neozelandés, Edmundo Percival Hilary, quien además era piloto y explorador. Este valiente aventurero pasó a la historia por haber realizado esta proeza imposible hasta entonces, y regresó con vida. Que tal los últimos inventos que nos vino a cambiar la vida a todos, las redes sociales los teléfonos inteligentes, el internet?

¿Qué hubiera pasado si todas estas personas que ahora son famosas mundialmente por sus grandes inventos, logros o conquistas determinantes para la humanidad, se hubieran intimidado por las grandes dificultades que tenían que enfrentar para alcanzar sus propósitos? Definitivamente viviríamos en un mundo diferente. Pero antes que nada, ellos tuvieron confianza en ellos mismos y fueron perseverantes. No se dejaron vencer con los primeros fracasos que de seguro los tuvieron.

Además, para los que creemos en Dios, podemos encontrarlo en la biblia una y otra vez en el Antiguo y el Nuevo Testamento, donde se establece claramente que todos somos capaces de lograr lo que queremos si tan solo lo creemos. Jesucristo lo definió de una manera tan práctica al decir que podíamos mover una montaña si tuviéramos la fe del tamaño de un grano de mostaza, la certeza de esa declaración se ha popularizado con el adagio frecuentemente utilizado por los que conocen la vida, los ancianos:

"La Fe mueve montañas".

Muchos de nosotros tenemos temor, algunas veces, hasta de soñar y por lo tanto, no empezamos nunca a luchar por eso que tanto anhelamos y todo se queda en planes inconclusos, grandes ideas que nunca se cristalizaron para convertirse en exitosas realidades. Lo mismo hubiera pasado conmigo si no me decido de una vez por todas a escribir esta expresión literaria, ya que escribirlo ha sido uno de mis más grandes retos a largo plazo.

La buena noticia es que está probado que si quieres algo con toda tu alma con todo tu corazón, con toda tu mente y luchas con perseverancia y pasión para lograrlo, puedes conseguirlo. Espero que después de leer este capítulo, descubras por qué tienes temor de soñar, pero no te preocupes tú no eres el único culpable de esa mala semilla que alguien sembró en tu mente, que hasta el momento no te ha permitido que conquistes tus metas. Otros también son los culpables *jajajajajaja*.

Ahora leerás algo que te dará risa a ti también, tal vez te hará sentir mejor si has sido cobarde y no has tenido el valor de luchar por tus sueños, lo que te diré es cierto. ¿Quieres saber por qué todavía no estás donde quisieras estar? Pues aunque no lo creas una de las principales razones es porque escuchaste a tus familiares cercanos, a tus mejores amigos si así es, muchas veces las personas que más te quieren por protegerte del fracaso, te empujan hacia él. Es cierto, ellos sin querer han cooperado para detenerte y por eso tú todavía no logras tus sueños. Puedes reírte si quieres, o quita ese rostro de asombro pero es la verdad. Sé que te encuentras confundido, pero así es, las personas más cercanas a ti y que tienen más influencia sobre ti son las que te dicen que tengas cuidado, que es peligroso, que eso no se puede, que eso es para otro que tú no tienes el tamaño, la aptitud, el dinero para lograrlo, que tu vienes de familia pobre, que tienes que conformarte a tu destino.

Alguien a quien tú le has creído te dijo que no se puede, por eso se te ha hecho más difícil quizás hasta dar un primer paso.- *¿Recuerdas cuando éramos niños?* Queríamos todo lo que veíamos, porque no sabíamos cuál era la situación económica de nuestros padres y no entendíamos qué era posible y qué era imposible ¿Qué pasaba cuando tú le decías a tu mamá que te comprara algo? Lo primero que te decía era: "Hoy no puedo, no tenemos dinero".

Otras veces, seguramente, fue más severa y te dijo: ¿Me ves cara de banco o de dinero? Así, desde pequeños nos van condicionando, que no es posible tener todo lo que deseamos y lo empiezas a aceptar como cierto, en consecuencia muchos de nosotros pasamos la vida superando todo tipo de dificultades financieras, conformándonos con simplemente sobrevivir pues tenemos esas vocecitas que nos dicen que no se puede.- En otras palabras, el origen de las cosas negativas en las que creemos y por lo que muchas veces tenemos temor de actuar, es por lo que nos han dicho desde niños y de allí vienen nuestras creencias, es una herencia cultural que al final de cuentas nos hace un daño irreparable. Por lo tanto, es importante que detectes de inmediato todas las cosas negativas que otros sembraron en tu mente y que tú mismo decidiste darles vida y la elimines.

Toda esa información incorrecta que está en tu subconsciente no te permitirá salir adelante, a menos que la deseches. Te preguntarás y ¿cómo lo hago? No es algo fácil en realidad pero si se puede. De este día en adelante sin importar si estás bien o mal financieramente levántate con buena actitud, piensa que cuentas con un millón de dólares en el banco y que mucho más está por venir. Repite todos los días lo siguiente; Gracias Dios por haberme permitido realizar mis sueños aun cuando no los haya logrado todavía, luego te mostraré lo importante que es tener tus sueños o metas claras y estar convencido que las lograras.

No sientas vergüenza de repetir que (estás) agradecido con Dios por todo lo que te ha dado aun cuando todavía no lo tengas: hazlo como te digo y verás que pronto te darás cuenta que todo lo que sueñas es más fácil de alcanzar de lo que creías. "Ojo", ningún cambio sucede de un día para otro. Pueden pasar meses, años, quizá décadas o pueda ser que tu cambio se cristalice pronto. Lo importante es que tú creas en ti mismo que eres capaz de conseguir todo lo que te propongas. Cuando tú estás convencido que puedes hacer algo, ni el más sarcástico de tu familia o tus amigos se atreverán a decirte que no puedes lograrlo, ¿sabes por qué? Porque a quien más nos cuesta convencer de que podemos hacer algo grande es a nosotros mismos y a nuestros familiares o amigos cercanos.

Antes de seguir con otro capítulo compartiré contigo cómo obtuve el nombre de este libro. Creo que fue una revelación divina y que Dios, o el universo, como tú le llames a tu Dios, quiso que yo le diera este título a este libro. Un día estaba en una iglesia cristiana de Nueva York escuchando al pastor Andy Valera, en la iglesia de Freeport Bible Center. En su prédica el pastor Valera, contó una historia; esa historia fue el centro de su mensaje pastoral de ese día, y prácticamente me cambió la forma de ver a mis familiares, amigos y sus consejos.

La predicación tenía como tema principal el relato de Adán y Eva en el libro del Génesis. "Dice que Dios llega al huerto y los busca, después de que ellos habían comido el fruto del bien y el mal. El libro de Génesis relata que Dios llama a Adán y éste le contesta que no puede salir. Dios le pregunta por qué, y Adán respondió: *«Porque estoy desnudo»*. Entonces Dios le responde: *«¿Quién te dijo que estás desnudo?»*.Adán y Eva no sabían que estaban desnudos, pero la serpiente que se encargó de hacerlos pecar, también se encargó de que ellos se dieran cuenta de que estaban en una situación vergonzosa.- El día que escuché esa prédica, yo andaba pidiendo a Dios un nombre para mi libro y esa palabra ¿Quién te dijo? Me llevó a concluir que si la serpiente no les hubiera dicho a Adán y a Eva, que estaban desnudos ellos no se hubiesen dado cuenta.

De la misma forma sucede con nosotros, cuando estamos pequeños creemos que podemos todo, pero nuestros familiares o amigos cercanos se encargan de empobrecernos la mente, ya que con el anhelo de sobreprotegernos del peligro, nos inducen al miedo. Involuntariamente ellos nos causan un gran daño, pues nos crean obstáculos, a veces inexistentes, que nos dificultaran conseguir el éxito en el futuro.

Te contaré una pequeña historia: Tengo un sobrino el cual quiero mucho, en una ocasión su madre me contó que venían pasando por el aeropuerto en el momento justo en que un avión descendía para aterrizar y pasó bien cerca del carro donde viajaban ellos y el niño le dijo "mami ese avión es mío; yo lo quiero para jugar". Ella que ya sabe de la motivación positiva, le dijo: Si hijo, cuando estés más grande y lo puedas pilotear, vendremos a traerlo.

Los que te dicen que no se puede lograr lo que tú deseas, toman la posición de la serpiente, no precisamente porque sean malos, sino porque a ellos también les decían lo mismo, que no podían y en verdad los que más te quieren son los que más miedo tienen de verte fracasar.

Muchas veces nosotros ya estamos listos, decididos, actuando para lograr nuestras metas, pero viene alguien bien intencionado y nos dice que no se puede o que es muy difícil, que no lo lograremos; que nos veremos ridículos si tratamos y fracasamos. Nosotros lo creemos, y luego de eso, todo se nos complica y decidimos seguir de brazos cruzados, esperando que las cosas nos caigan del cielo; algo que por su puesto, nunca sucederá. -Si no tuviéramos la intervención de esas personas que tú más amas o les tienes confianza, que te dicen que no se puede, seguramente tú y yo ya hubiéramos alcanzado muchas más metas que por temor nunca empezamos y todavía seguimos creyendo que son imposibles. Cuando era pequeña yo vivía en un pueblo, y me acuerdo de algunos dichos de mi madre y de algunos de los viejos del Barrio: "Más vale pobre pero honrado. Más vale no tener dinero, pero sin deudas, yo nunca le debo a nadie y no tengo problemas".

Luego fui a vivir a Estados Unidos cuando tenía diecisiete años y allá aprendí que muchos de los millonarios habían hecho dinero sin contar con un capital inicial; que ellos habían adquirido grandes deudas para adquirir sus empresas y aventuras financieras. De la misma forma, todos mis amigos y yo pronto tuvimos casas y carros porque adquirimos deudas, de alguna forma nos arriesgamos para obtener lo que queríamos. Por el contrario, en el pueblo las cosas siguen igual o peor. Hoy más de dos décadas después cuando visito mi pueblo veo que hay nuevos pobres y los pocos que han salido adelante es porque dependen de un familiar que emigró para Estados Unidos.

Está muy claro entonces que lo que nos han dicho y lo que decidimos creer como cierto es lo que nos ha afectado nuestra situación financiera y muchas veces lo que decidimos escuchar no es precisamente la verdad. Siempre encontrarás personas que te desanimarán a luchar por conquistar tus metas, pero depende de ti escucharles o seguir tus intuiciones, corazonadas, telegramas de Dios como yo les llamo, si tú ya eres adulto, eres el único responsable de tus actos y no puedes permitir tu fracaso financiero, por temor a lo que los demás digan o puedan decir de ti.

Yo por ejemplo sabía que quería escribir este libro, pero los años pasaban y pasaban y seguía esperaba el momento correcto para escribirlo. Recuerdo que en algunas ocasiones hablé con algunas de mis amigas, para pedirles su opinión acerca de mi primer libro, pero me desanimaban, me decían que yo no era escritora y que sería muy difícil para mí lograr terminarlo, imprimirlo, venderlo, etc.

Cuando me desanimaba leía libros de escritores, como Napoleón Hill uno de mis favoritos, "Piense y Hágase Rico", Don Miguel Ruiz, Max Wello de Robert Kiyosaki, ellos ya son famosos y han alcanzado el éxito, leer sus libros me ayudaba, me daba motivación, pero también tenía temor de no lograr escribir un libro exitoso como ellos. Cuando pensaba que yo no podía, otra vez guardaba mi computadora y dejaba mis sueños encerrados en un closet.

Yo sabía que tenía mucho que compartir contigo, mis telegramas de Dios como yo les digo, me decían: diles que sí pueden, diles que no se dejen decir de nadie que no pueden y que luchen por sus sueños como tú, pero luego pensaba: *para poder escribir este libro debo de ser muy exitosa primero, de esta forma, los lectores se impresionaran y seguro querrán ser como yo.* ¿Sabes por qué yo pensaba así? Porque varias personas se encargaron de decirme que si yo no había logrado el éxito en su totalidad, no estaba lista para escribir un libro de crecimiento personal, a pesar de saber que de cada diez personas que comparten conmigo, nueve me dicen que les llena de emoción conocerme, que gracias a mis palabras ahora piensan diferente y sus vidas han cambiado, todavía no creía lo suficiente en mi.

Por muchos años retardé la publicación de este libro esperando ese momento correcto, pero el problema es saber cuándo es el momento correcto, o cuándo hemos alcanzado el éxito, porque cuanto más dinero tenemos, cuanto más éxito alcanzamos, quizás queramos más, porque nos comparamos con otras personas más exitosas que nosotros, entonces nos sentimos pequeños y quisiéramos seguir creciendo. La verdad es difícil identificar el momento exacto en nuestra vida en que ya somos exitosos pues siempre habrá alguien que tenga más éxito que nosotros en algunas aéreas. Creo que el empujoncito de valor me lo dio la biografía de Kiyosaky.

Lo importante es que nosotros nos sintamos cómodos con nuestra situación, yo a pesar de mis dudas y temores decidí publicar este libro porque aprendí algo que me ayudó y quizás te ayude a ti también ¿Sabes cuándo es el mejor momento para empezar, a echar andar tus sueños? Es sencillo, es hoy. Sí, es ahora que tienes que empezar a actuar sobre eso que has estado atrasando y posponiendo por tanto tiempo, porque alguien te dijo que no se podía. El escritor Napoleón Hill dice que si tu mente puede verlo, tú puedes obtenerlo. Entonces Tú sabes que sí se puede, solo tienes que intentarlo y deja a un lado el temor a fracasar. Si tu corazón te dice que se puede y tienes la idea en tu mente, no esperes más, levántate, escríbelo, planifícalo, analízalo, escríbelo en tu agenda y finalmente grítalo al mundo y empieza actuar.

¿Quién te dijo que no se puede?

5 Tips para recordar de este capítulo

1- No creamos todo lo que nos dicen, aceptemos las sugerencias buenas e ignoremos lo que nos perjudique.

2- No escuches lo que los demás dicen, sigue tus corazonadas es mejor fracasar por tu intuición que por los demás.

3- Usualmente aquel que más te dice que no hagas algo porque no te conviene será el encargado de señalar tu fracaso si no logras el éxito en el futuro.

4- Los hombres y mujeres exitosos lo lograron porque no les importó la crítica de los demás, y fracasaron muchas veces antes de ver sus metas cristalizadas.

5- Creas que estás listo o no, si tienes una meta grande en tu mente, empieza hoy mismo a actuar sobre esa meta, en el camino ordenaras las cosas.

Capítulo II.

Cuidado a quién escuchas

Cuidado a quien escuchas

Estoy segura que has escuchado decir que Dios nos dio dos oídos y una boca porque debemos de escuchar más de lo que hablamos. Bueno yo estoy de acuerdo con este dicho; aunque tengo que reconocer que saber escuchar es una virtud que no todos tenemos, por cierto yo tampoco la tengo pero gracias a todos los libros que he leído he aprendido a escuchar. Recuerdo que cuando era pequeña me regañaban mucho porque yo hablaba bastante. Muchas veces llegué a sentirme insegura, ahora le doy gracias a Dios pues considero que es un talento que Dios me dio. El tener facilidad de expresión y ser extrovertida me ha ayudado mucho a cerrar contratos que otros no pueden, además he ayudado a amigos y familiares tímidos a resolver sus problemas.

Si bien es importante aprender a escuchar es más importante saber a quién escuchamos y qué escuchamos, cuando se trata de mi futuro y de echar adelante mis sueños yo prefiero no escuchar a nadie que sea negativo o que posponga mis metas, antes de que mi vuelo haya despegado. Escoge con mucho cuidado a quien escuchas ya que las palabras de una persona frustrada y fracasada, podrían ocasionarte muchos desencantos y fracasos.

Aprendiste en el primer capítulo que el hecho de haber escuchado a alguien quien, aunque no lo haya hecho malintencionadamente, sembró la semilla del temor y de la inseguridad en nosotros y en consecuencia no creemos en nosotros mismos porque aceptamos lo que alguien nos dijo. Hace varios años yo decidí no escuchar a nadie, a menos que esa persona tuviera mucho más éxito o experiencia que yo en el área específica que yo necesite sugerencias o una segunda opinión.

Esto me ha ayudado a salir adelante, claro siempre pido dos o tres opiniones cada vez que voy a emprender un nuevo negocio o una nueva aventura, solo lo hago para ver que piensan los demás y saber si tienen el valor de soñar como yo o me dirían que no lo haga. Además muchas veces me emociona mostrarles en el futuro que se equivocaron y que deben de tener cuidado cuando dan consejos, pues el dar un consejo negativo a un ser humano positivo es como tirarle una piedra en el camino a alguien que lo pueda hacer tropezar y caer.

Es mejor ser sordo, no escuches nada que pueda atrasar tus sueños o metas que ya las tienes en tu agenda y en tu mente. Es preferible que contrates a un experto en la materia para que obtengas un consejo correcto y si no tienes dinero para pagarle ofrécele un porcentaje de la ganancia o pídele crédito, así te aseguras que lo que vas a iniciar tenga éxito.

Por ejemplo si quieres vender oro, no busques el consejo de un vendedor de ropa, él no puede decirte si vale la pena o no entrar en el negocio del oro. Él no sabe de oro sabe de ropa y seguro el consejo que te pueda dar no te servirá de nada, no importa que tan bueno o exitoso sea vendiendo prendas de vestir, si quieres vender joyas busca a un joyero para que te dé su opinión o un experto en esa materia.

Solo escucha a los que tienen experiencia en el área especifica que tu estas interesado en invertir o desarrollar, hay un dicho de mi madre que yo si escucho y es: *"Zapatero a sus zapatos"*; en otras palabras, si yo quiero invertir en propiedades y mi propia madre no sabe de invertir en bienes y raíces yo jamás escucharía un consejo de ella, pues sería injusto para mi pedirle que opine en una área que no sabe, busco un experto, leo libros, busco información en el internet, antes de empezar esa nueva aventura.

He aprendido que vale la pena buscar información suficiente del campo en que estoy interesado en incursionar, la verdad es que con la tecnología hoy en día toda está al alcance de tus dedos, puedes buscar información en cualquier servidor informático, como por ejemplo YouTube o Google o cualquier motor de búsqueda, allí seguro encuentras mejor información que la que te ofrezca gratis un inexperto.

Quizás te dirás: ¿Pero cómo hago para empezar algo nuevo y no preocuparme, si los demás se reirían de mí sí me va mal? Bueno, lo primero es que tienes que olvidarte de esas vocecitas que te dicen que no se puede; debes confiar en Dios y creer en ti. ¡Yo sé que lo lograrás!

Te contaré una historia que comparto mucho con mis amigos antes de empezar mis conferencias de liderazgo o mis eventos políticos. Me aseguro de contarla con voz alta, llena de seguridad para que a los demás les quede claro que yo ya decidí luchar por mis sueños y que nadie que quiera desanimarme lo logrará.

"Érase una vez un pueblo de sapos, donde todos los sapos vivían en completo desorden. Un día, ellos mismos decidieron que necesitaban un líder para que les ayudara a ordenarse y decidieron hacer una torre muy alta y coronar a un rey para que fuera él quien los gobernara. «Claro —pensaron—, la haremos muy alta para que aquel que logre subirla sea tan valiente, digno y admirable que le podamos llamar rey.»

Después de haber terminado la construcción de aquella gran torre, muchos de los sapos decidieron subir a la cima para poder ganar el galardón y ser el primer rey, pero pasó algo inesperado: la torre era demasiada alta y ellos no tenían la condición física ni psicológica para lograr subir hasta la cima, cada vez que intentaban subir la torre solo lograban avanzar un poco y luego, se caían y se daban golpes muy fuertes y eran dolorosos.

Los sapos vecinos que estaban de espectadores se burlaban y decían cosas desagradables para desanimar al siguiente que trataba de subir, por lo que todo el que lo intentaba, terminaba desanimándose. Considerando que no fue más de un 5% de la población la que lo intentó, pues el mayor porcentaje son los que nunca hacen nada porque en su mente ya están convencidos que ellos no pueden hacer nada más de lo que ya hacen y así son felices.

Otro alto porcentaje son los que aunque creen que pueden no lo intentan porque no quieren hacer el ridículo, prefieren mantener su reputación y hay un porcentaje que cree que no puede por su condición física y económica.- Pasaron los años y como resultado solo hubo sapos con los huesos quebrados, otros murieron en el intento, era casi imposible lograrlo por lo que todos los sapos se dieron por vencido.

Un día, después de mucho tiempo, llegaron dos sapos extranjeros al pueblo y vieron el letrero que decía: Al que suba la torre del centro se le coronará rey. Ellos decidieron ir e intentar subir la torre, llegaron al frente como que ya sabían a lo que iban, uno de ellos empezó a subir y subir la torre, mientras el otro lo aplaudía mucho y le hacía señas de motivación y que siguiera a medida que avanzaba. Todos los sapos vecinos fueron reuniéndose alrededor de la torre y le gritaban: «Estás loco, no lo lograrás jamás, te matarás, te romperás los huesos, eres un cadáver mi amigo.»

Casi todos decían una cantidad de palabras negativas convencidas que nadie podría lograr subir la torre, pero aquel sapo que había decidido subirla no paraba y avanzaba y avanzaba. Finalmente, el sapo había pasado el 70% de la meta y todos empezaron a quedarse callados. Poco a poco el sapo seguía avanzando y un silencio se apoderaba de aquel lugar, de repente todo el mundo empezó aplaudir, el sapo había logrado la meta. « ¿Qué pasó? —clamaban todos—, ¿cómo lo logró, qué hizo?». Impacientes esperaron que el sapo bajara y cuando el sapo rey por fin bajó, corrieron todos a preguntarle, como lo lograste, explícanos como lo hiciste. El sapo no contestaba. Entonces su amigo les dijo que no le siguieran preguntando, ya que este sapo no escuchaba, pues era sordo.

Ahora te pido que medites la moraleja de esta historia, al igual que lo hice yo. Esta historia me dio una gran lección cuando la escuché. Recuerdo que venía manejando sola en mi carro por la noche cuando la escuché de una predicación de un pastor.- Esta historia me ha ayudado mucho a no darle importancia a lo que me dicen los que no tienen éxito y son parte del más del 95% de los que no logran el éxito.

¿Tomaste tu tiempo para meditar?, ¿Te preguntaste ahora cómo el sapo sordo pudo lograr llegar a la cima del éxito? «Quieres saber por qué?

Porque éste no escuchó las cosas negativas de los demás, creyó que él podía y no se detuvo a pensar en lo que los demás decían. Si lo hubiera hecho, seguramente hubiera tenido temor y se hubiera caído o quizás ni siquiera lo hubiera intentado.»

Desde nuestra niñez, hemos tenido a nuestro alrededor personas que nos han desanimado, vivimos deseosos de que alguien apruebe nuestras ideas porque no confiamos en nosotros mismos. Empieza hoy a trabajar por tus sueños y no escuches lo negativo, enfócate solo en tu meta y en lo positivo que ésta traerá a tu vida si la logras, sin importar si los demás creen o no creen en ti. No importa si no lo logras en el primer intento, lo importante es que has dado el primer paso.

No te des nunca por vencido, siempre ten la esperanza de cambiar tú historia financiera y la de tus futuras generaciones y nunca dejes de intentarlo, los fracasados nunca lo han intentado por temor al qué dirán.

Hoy estás leyendo este libro, porque una mañana decidí no escuchar más a nadie y al creer solo en mí, fue así que pude vencer mis miedos. Me siento súper contenta, emocionada y agradecida con Dios por haberme permitido hacer llegar este libro a tus manos y sé que muchos de ustedes aprenderán bastante y cuando terminen de leerlo, tendrán más claro por qué no han logrado lo que han querido y estarán listos para dar su primer paso.

Ojo, debo aclarar que hay una persona que sí debes escuchar aunque tenga menos experiencia que tu. Si eres casado o casada te recomiendo que te pongas de acuerdo con tu pareja, si uno de los dos no apoya al otro en su nuevo proyecto será muy difícil avanzar y quizás ni lo logres. El no escuchar a tu pareja podría llevarte al divorcio y si tienes hijos quizá no sea la mejor decisión, ponte de acuerdo con él o con ella, antes que sea tarde.- La verdad es que yo he visto hombres y mujeres que se preocupan más por resolver sus problemas financieros y descuidan a su familia hasta el punto de abandonarlos totalmente; eso es incorrecto y de acuerdo con Napoleón Hill, todo debe darse en perfecta armonía al interior del núcleo familiar para alcanzar el éxito. Recuerda, alcanzar el éxito no es solo tener dinero, es también ser feliz.

Cerraré este capítulo contándote una pequeña historia personal que quizá te sirva para reflexionar. Este capítulo que has leído lo escribí hace 4 años; justo cuando mi esposo y yo vivíamos casi una segunda luna de miel en Washington, aunque residíamos en Honduras.- Pero él quiso irse a Estados Unidos porque tenía muchas aspiraciones y quería hacer realidad su sueño, que era desarrollar una red de mercadeo que trabajábamos desde Honduras.

Esta red la inicié para apoyar a mi buen amigo Andrew Arrambide, quien también había estado en bienes raíces como yo y nos conocíamos aquella historia. Él me convenció que esa red nos daría mucho éxito más rápido que nuestra Empresa. Entonces me fui para Nueva York y con unos cuantos amigos y el apoyo de mi patrocinador comenzamos a crecer rápidamente.

A pesar que teníamos muchos compromisos y negocios en mi país, mi esposo me insistía todos los días en que nos fuéramos a Estados Unidos a desarrollar la red unos 6 meses. Pero en ese momento yo quería cumplir mi compromiso de apoyar la campaña del presidente de mi país Honduras quien ganó las elecciones.

Le pedí paciencia, que me esperara 6 meses y que luego nos iríamos juntos con nuestra hija y que yo le apoyaría en todo para que lográramos la posición que él tanto había soñado que era la de ser "Diamante" en esa empresa. Él insistió que no quería perder esos 6 meses que en ese tiempo lograría sus sueños y que no lo hiciera perder su tiempo. No quise retenerlo pues creo que todos tenemos derecho a buscar el éxito, incluso mi esposo, aunque esto significara una separación temporal.

En su aventura de negocios por buscar conseguir sus sueños de ser diamante en esa red de mercadeo, conoció una nueva chica y terminamos divorciados. ¿Por qué te cuento esto?, porque siempre he creído que es importante estar de acuerdo con la familia, sobre todo con tu pareja antes de iniciar cualquier proyecto de vida que consuma parte de tu tiempo. Lo creía desde antes que esto me pasara a mí y lo confirmé después de vivir esta experiencia.

Así que recuerda, no escuches a nadie negativo y que no crea en ti pero si es tu pareja, mejor ponte de acuerdo. De lo contrario puede pasarte lo mismo que me pasó a mí. *Jajajaja* no te sientas mal, Dios sabe lo que hace, no hay mal que por bien no venga. ¿Quién sabe qué galán tiene Dios reservado para mí en el futuro cercano? Claro hoy yo reconozco que cometí un error, debí haber publicado más rápido este libro para que mi ex esposo leyera este capítulo, *jajajaja*.

5 Tips para recordar de este capítulo

1. No escuches a nadie que te pueda desanimar, eso puede atrasar la conquista de tus metas.

2. Busca la asesoría de un experto, prepárate en el tema usando servidores en línea como YouTube o Google, entre otros.

3. Si tienes la corazonada, como decimos, de que te irá bien es mejor que fracases por tu decisión y no por el consejo de otro.

4. Si te enfocas como el sapo, no escuchas a nadie y miras la meta y no las dificultades, te será más fácil lograrlo.

5. No le tengas miedo a equivocarte, mientras tengas vida siempre hay esperanza y podrás volver a intentarlo.

Capítulo III.

Somos lo que pensamos

Somos lo que pensamos

Estoy emocionada de compartir este capítulo contigo, es uno de mis favoritos, pues este tema es el que se me ha hecho más difícil de entender, pero una vez lo comprendí el rumbo de mi vida cambió totalmente. Un día comprendí que la pobreza y la riqueza, están primordialmente en nuestra mente, la diferencia entre un pobre y un rico es su forma de pensar y de ver la vida.

El pobre piensa todos los días en las deudas y vive eternamente preocupado por no tener dinero para resolver sus problemas financieros y como le da demasiada atención a estos pensamientos, se incrementan más sus problemas económicos, pues siempre lo que tienes en tu mente, cada vez se multiplica más. Además si le agregas el sentimiento de tristeza o alegría a tus pensamientos eso hace que crezcan aun más rápido y atraes más pobreza o más riqueza.- La mente rica piensa en lo positivo de la vida, piensa en sus negocios y en cuánto más crecerá su fortuna, aun cuando todavía no posea las riquezas que quiere, no obstante, ya puede vivirlo todo con lujo de detalles en su imaginación y esa forma positiva de pensar le hará cambiar su forma de actuar, de sentirse y de comportarse. Como dice el escritor Napoleón Hill, la mente es el taller donde construimos nuestro futuro.

Sé que no es muy fácil entender que todo está en la mente, pero si has leído libros como "La ley de la atracci☐n" o "El secreto más raro de Nightingale", tu sabes de qué estoy hablando, si aún no lo has leído y no te gusta tanto la lectura mira la película de "El secreto", ésta te ayudará a entender cómo todo está en nuestra mente. Considerando esta increíble realidad vale la pena empezar a cambiar la forma de pensar de lo negativo a lo positivo.

Es un proceso largo pero en un futuro cercano verás los frutos positivos de pensar como una persona exitosa. Tú eres el constructor de tu futuro y decides que pensamientos almacenar en el lugar más importante de tu cuerpo, tu mente, es opción tuya si guardas pensamientos de miseria que yo les llamo basura o pensamientos de riqueza, salud bienestar, alegría, paz, satisfacción que yo les llamo progreso.

No te desesperes, todas las cosas buenas se dan paso a paso, así que irás viendo los cambios despacio pero con paciencia tolerancia y fe, y tu deseo ardiente de cambiar tu futuro, lograrás mejorar tu situación actual, solo con cambiar tu pensamiento de negativo a positivo veras cambios sorprendentes. El Vendedor más grande del mundo, OG Mandino, dice en uno de sus diez pergaminos de la sabiduría, "He sido como una planta de cebolla que en 8 semanas ya es vieja y muere, hoy quiero ser como un árbol de roble alto y fuerte que dure más de 100 años".- Así que insisto, no te desesperes, lo más importante es adoptar el nuevo hábito de pensar positivo y dejar lo negativo y las quejas atrás. Hace unos años inicié la lectura en crecimiento personal y empecé a leer muchos libros y mi vida empezó a cambiar. Reconocí la diferencia en la forma de pensar de los pobres y de los ricos. Recuerdo que leí el libro de Robert Kiyosaky *"Papá pobre Papá rico"*, me di cuenta de la importancia que es aprender a pensar como los ricos y además enseñar a nuestros hijos desde pequeños a pensar lo positivo y obviar lo negativo.

Después de terminar de leer ese libro yo decidí eliminar los pensamientos negativos de mi mente, o la basura como yo le llamo y empecé reemplazando esos pensamientos negativos por pensamientos positivos. Aprendí a pensar en abundancia, en riquezas y en bienestar. Han pasado varios años desde que puse esta iniciativa en práctica, pensando solo en lo positivo y ahora puedo decirte con seguridad que sí funciona. No quiero decir con esto que yo ya estoy donde sé que un día voy a estar, pero sí sé que conozco la ruta de mi destino financiero, por lo tanto, no me preocupo por el futuro, voy avanzando día a día en la ejecución de mis proyectos, confiada porque sé que mi futuro está planificado de forma positiva hasta el final. La gente puede percibir mis pensamientos positivos, pues nunca, ni mi propia madre, ni mis hijos, ni mis amistades, nadie absolutamente nadie me cree si digo que no tengo dinero, solo se ríen y piensan que no quiero gastar.- Debo aceptar que han habido momentos en los que he tenido dificultades para explicarle a mi entorno familiar que no tengo efectivo en ese momento. Pues a pesar de que he tenido inversiones, tal vez no he contado con liquides disponible, sin embargo no me lo han creído. ¿Sabes por qué? Porque el rostro refleja lo que tu mente piensa y mi rostro no refleja pobreza, pues siempre pienso en mi futuro de éxito.

Yo aprendí que cada día tiene su propio afán y que las cosas que ayer nos aterraban y nos preocupaban, se quedaron en el día de ayer que hoy ya es pasado y que ahora ya ni nos acordamos cuales eran esos afanes. Entonces ¿Por qué preocuparme tanto por la parte financiera si ya sabemos que hay leyes que gobiernan como se mueve y para donde se mueven las riquezas? Las riquezas no siguen a los pobres ni a los que piensan negativo.

Alguna vez te has preguntado ¿Por qué a la mayoría de los ricos les llegan más riquezas y a los pobres más pobrezas? Porque somos como un imán y atraemos todo lo que pensamos. Debemos de pensar positivo y confiar en Dios; hay un versículo que dice, "Por qué os afanáis por lo que has de comer o vestir hoy, porque no mira las flores del campo que no trabajan ni hilan y aun el rey Salomón no pudo vestirse como ella".

¿Quién te dijo que no se puede? *Por Eva Fernández*

Es importante que te decidas hoy a cambiar tu manera de pensar y hacer una limpieza profunda en tu mente. Desecha todos los pensamientos de duda, de preocupación de temor y deja de pensar en que tú no puedes y que te quedarás toda la vida donde estas. Muchas veces pensamos que nosotros somos pobres porque nuestra familia es pobre. Eso es falso, aun cuando venimos de generaciones pobres tenemos muchas más posibilidades de salir adelante que las que tuvieron nuestros ante pasados.

Si vives en países capitalistas como Estados Unidos donde siempre encontrarás una oportunidad de hacer un pequeño negocio o inversión y hacer dinero extra, es aun más fácil que los que vivimos en países del tercer mundo como nos llaman. Es más, con los avances tecnológicos de la actualidad, tienes muchas alternativas de hacer dinero desde un pequeñito aparato que hoy casi todos tenemos, el celular inteligente, tu tableta, desde tu computadora, sin salir de casa, hay muchísimas formas de ganar dinero ahora, más que antes.

No dejes que la duda te detenga, piensa y actúa con actitud positiva y verás que sí funciona eso de dejar de pensar negativo. Todos somos capaces de lograr lo que queremos, solo basta con empezar viéndolo en tu mente, imagínate lo que tú quieres sin importar que tan grande o tan difícil creas que es tu meta, si lo ves en tu mente puedes hacerlo realidad. *¡Ese es el secreto!*

Por ejemplo; si has soñado en tener una casa en la playa imagínatela todos los días con el color, los muebles y todo como la quieres, entra en ella en tu mente y dale gracias a Dios por habértela regalado, pero hacerlo de verdad con un espíritu de agradecimiento como si ya estuvieras en posesión de ella, pronto veras los resultados. Los que no tienen ambición por superarse solo ven a su alrededor los problemas, la pobreza y se enfocan en ello, por eso se les hace difícil salir adelante, pues somos lo que pensamos.

Los que entendemos que todo está en la mente, nos enfocamos en lo positivo, podemos salir adelante más rápido, por eso pasamos vigilando nuestros pensamientos, al momento que un pensamiento negativo viene a la mente, rápido decimos esto ya pasará y todo estará bien; yo se que al hacer esta transacción o esta otra maniobra laboral, etc. se resolverá o esta situación ya pasará y casi siempre así pasa. Es importante hacer una limpieza profunda a tu mente, necesitarás unos cuantos líquidos, detergentes cloro etc. *Jajajajaja*, ya te hice reír otra vez. Limpiar nuestra mente no es tan fácil como limpiar nuestros intestinos o nuestra cara, o nuestra casa, eso es más fácil, el proceso de limpiar nuestra mente es un poco más difícil, aunque parecido.

Estos son los primeros pasos para limpiar la mente de todas las cosas negativas y mentiras que te has creído durante tu vida.

No ver novelas ni noticias de violencia, si las ves no les pongas mucha atención, y si lo haces, que sea lo menos posible. Es preferible que reemplaces esos programas de televisión por programas positivos. Muchos de nosotros hemos pasado toda una vida alimentado nuestra mente con basura así que debemos empezar a darle algo más saludable.

Quita de tu vocabulario las palabras nunca, imposible, no se puede etc. Cuando algo negativo se venga a tu mente bloquéalo pensando algo positivo o algo interesante que te llama la atención por ejemplo pensar que estas tomando unas vacaciones con tu ser amado en una linda playa en Bay Island Honduras, o en los arrecifes de Australia. Puedes también pensar que andas en el carro de último modelo que más te gusta y lo acabas de comprar, o en lo que más te gustaría hacer.- Tus pensamientos deben de ser siempre positivos no importa tu situación, nunca olvides que los pensamientos que mas atesores en tu mente un día se harán realidad, ya sean buenos o malos. Tampoco olvides lo que dice Napoleón Hill el escritor del segundo libro más vendido del mundo "Piense y hágase rico", que la mente es el taller donde se diseñan todos nuestros sueños que después se hacen realidades.- Lee libros de superación personal todas los días antes de acostarte, si no te gusta leer mucho no hay problema, hoy encuentras muchos audio libros gratis en el internet, no hay escusas, ve al canal de YouTube y allí puedes bajar gratis todos los audio libros que desees, si tomas como hábito escuchar todos los días un libro de superación personal te sorprenderá lo que pasará contigo después de un año de haber tomado ese nuevo hábito.- Te daré una lista de los libros que a mí me han ayudado a pensar positivo y sé que te ayudarán a ti también. Ninguno de estos escritores me está dando comisión por hacerles publicidad pero son muy buenos, yo he aprendido mucho gracias a ellos y sé que tú también aprenderás por eso te los recomiendo.

Te recomiendo leer o escuchar mínimo 5 libros que sé que te ayudarán en tu crecimiento personal. Primero es la Biblia, no hay nada como los salmos y los proverbios, están llenos de sabiduría y enseñanzas; segundo, "La vaca" de Camilo Cruz; te enseña como dejar las excusas y empezar actuar. Tercero, Juan Salvador Gaviota, te enseña a tener una actitud positiva, a perseverar y lograr lo que tú quieres. Cuarto, "Papa pobre Papá rico" de Robert Kiyosaki, aprenderás como los pobres y los ricos piensan; el quinto es mi preferido pero te recomiendo lo leas de último "Piense y hágase rico" de Napole□n Hill este es un libro completo que incluye todas las enseñanzas necesarias para lograr el éxito, pero es más complejo, deberás leerlo varias veces y por supuesto mantén un grupo de libros de crecimiento personal como este que estás leyendo.- Cuando termines con estos libros, busca uno que se llama *"La ley de la atracción", "El Secreto"* y otros más que te ayuden a seguir avanzando en tu crecimiento personal.

Compartiré contigo una anécdota que aprendí con un amigo exitoso, que a sus 28 años ya era millonario y con apenas un tercer grado de escuela y sin ningún conocimiento especializado, o haber ido a la Universidad. Él es originario de mi país, Honduras. Es importante destacar que no basta con pensar positivo para volverse rico, mi amigo no era intelectual pero tenía otras cualidades que van de la mano del éxito; entre ellas es ser trabajador, disciplinado y perseverante.- Él llegó como emigrante a Estados Unidos antes de su mayoría de edad y aunque trabajaba duro, ganaba muy poco al mes, como la mayoría de los emigrantes.

Un día conoció de la industria de Multi-Nivel, red de mercadeo y decidió inscribirse en una de estas empresas pero más que eso él hizo lo que sea para aprender; esta industria que ha hecho muchos millonarios en Estados Unidos y el mundo entero. El no tuvo pereza, se decidió a aprender a luchar por sus sueños y lo logró, su historia es pública puedes encontrarla en youtube.

Un día fui con él a una conferencia de liderazgo que impartió en Nueva Jersey. En ese momento él ganaba más de $100,000 dólares mensuales así que todos queríamos saber cómo lo había hecho. Recuerdo que al empezar dijo: la pobreza y la riqueza están en la mente de cada uno, y nos dijo que no era fácil salir adelante por todas las cosas negativas que acarreábamos en la mente y que dominan la mayor parte de nuestros pensamientos.

Así mismo dijo, les daré un ejemplo, de la forma en que trabajaba su mente cuando estaban pequeños y como trabaja ahora que son adultos. Colocó en una mesa 2 vasos con 8 onzas de agua muy clara y nos dijo que observáramos esta agua, así de clara es nuestra mente cuando somos niños pues no sabemos nada y no le tenemos temor a nada, pero pronto nos llenan la cabeza de suciedades como las preocupaciones, el temor, las dudas, la inseguridad, etc. Y se nos hace difícil avanzar.

Luego mi amigo tomó una bolsa de café y la echó en uno de los vasos de agua y pronto el agua tomó un color negro. ¿Vieron lo que pasó ahora con el agua? Preguntó; está totalmente negra. "Créanmelo, el proceso para ensuciar el agua fue relativamente rápido pero para aclararla nos tomará tiempo, paciencia, perseverancia y mucha dedicación", aseveró.

Seguidamente vació un vaso de agua limpia al vaso de agua negra y el agua seguía oscura. Fue impresionante, pero para que esa agua quedara nuevamente cristalina tuvo que echarle como diez vasos de agua limpia.

"Eso es exactamente lo que tú tienes que hacer con tu mente, si quieres ser un soñador como yo y salir adelante lo más importante es echarle mucha información positiva a tu mente ", dijo.

Sabes, no será con leer este libro que cambiarás tu forma de pensar ni tu futuro financiero, si no tomas en serio lo que estás aprendiendo y decides iniciar el proceso de crecimiento personal, no pasará nada. Debes de leer o escuchar muchos audio libros, dedícales el tiempo necesario para analizarlos y ponerlos en práctica; de nada servirá tampoco leerlos a la ligera, léelos las veces que sea necesario. En mis conferencias yo he adoptado una frase que la registraré con derecho de autor, "Nadie puede dar lo que no tiene".

Porque tú no puedes sugerir a otra persona que haga algo para mejorar su calidad de vida, si tú no lo has logrado todavía. Compartiré otra anécdota que aunque me da un poco de vergüenza es la verdad. Yo me inicié en el mundo de la lectura de libros de superación personal hace mas de 20 años, pero en verdad los leí como hubiera leído un libro de literatura, poesía o novela, no entendía que un libro de superación personal es rico en consejos, en sabiduría, son como una antorcha en nuestro camino que nos da luz para podernos guiar.

No se trata solo de leer o escuchar audios, también hay que analizar, reflexionar y poner en práctica lo que se aprende. Fue un gran error de mi parte, no haber dado la atención necesaria a todos los maravillosos libros que leí cuando estaba joven, seguro hubiera evitado tantos sube y bajas financieros y personales en mi vida. La primer vez que leí el libro "Piense y hágase rico" de Napoleón Hill solo tenía 25 años, luego lo leí nuevamente como de 30 años luego como de 35 y fue hasta entonces que empezó hacer eco en mi mente.- Si tan solo hubiera sabido que en este libro estaba el secreto de cómo hacerse rico seguro le hubiera dado más atención.

Lo más impresionante es que yo haya leído ese libro esas 5 veces y no haya logrado descifrar el secreto que estaba en el mismo título del libro: "Piense y hágase rico". No dice trabaje y hágase rico, dice piense y hágase rico. Ese libro le tomó a Napoleón Hill más de 20 años escribirlo con la ayuda de uno de los hombres más ricos del mundo y de los más brillantes de Estados Unidos, Dale Carnegie, además con la cooperación de muchos hombres de éxito.

En este libro queda claro que los ricos piensan en grande, ya que su riqueza está allí en su mente. Cuando entiendas que todo está en tu mente escribe un cheque para pagarte a ti mismo y que cambiaras en el futuro por la cantidad que deseas. Llévalo siempre en tu cartera, todos los días imagínate el cheque ya cambiado y el dinero disponible en tu cuenta bancaria para invertirlo o para usarlo como tú quieras.- Es impresionante la seguridad que el cargar este cheque pagadero a ti empieza a dar en tu vida. Yo no había alcanzado la libertad financiera, pero ya me sentía millonaria pues me lo creía, además, andaba mi cheque en mi cartera pagadero a mi por varios millones de dólares. Recuerdo que quien era mi esposo me decía pero yo no veo todavía el efectivo en el banco solo proyectos en proceso. Su falta de fe me incomodaba mucho y me entristecía su incredulidad, pues yo ya había superado la pobreza en mi mente pero él no podía verlo. El, como muchos, necesitaba ver lo físico para creerlo, y yo no; yo ya estaba segura que pronto llegaría el dinero de todas partes.

Napoleón Hill asegura que cuando ya tu mente está lista para recibir las riquezas será cuestión de tener fe y esperar, pero de que llegará, tarde o temprano llegará. Debes de creerlo, con la convicción suficiente de no preocuparte más por el tema del dinero, cuando esto pase el dinero llegará a ti a pasos acelerados. La pobreza que más cuesta superar no es la física, sino la mental.

5 Tips para recordar de este capítulo

1. Los pensamientos son cosas que se materializan; cuidado con lo que piensas, si piensas negativo tendrás más de lo que piensas y si piensas positivo tendrás más de lo que piensas.

2. Los pobres piensan problemas, deudas, los ricos piensan como producir más dinero y el dinero no es preocupación para sus mentes, aun cuando no lo tienen en sus bolsas, saben que vendrá.

3. Dale a tu mente alimento sano para que crezca en sabiduría, lee o escucha muchos audios libros. La biblia debería ser el primero.

4. Debes de escribir un cheque por la cantidad que deseas tener en tu futuro, y todos los días verlo como que lo tienes en el banco y con alegría como que ya lo tienes dar gracias a Dios por eso.

5. Todos los pensamientos positivos o todos los libros de crecimiento personal, conferencias, etc., no sirven de nada si no tienes fe, perseveras y luchas por tus sueños, además Dios primero.

Capítulo IV.
El primer paso

El primer paso

La historia del sapo y todo ese capítulo donde hablamos de "Mente pobre, mente rica" te han hecho pensar diferente y estoy segura de eso, pero ahora viene lo más importante y lo más difícil que es dar el primer paso y convertir toda la teoría en acción.

Bueno, el primer paso es escribir tus metas a corto, mediano y largo plazo. Yo las escribo de la siguiente forma: Agenda de EVA para hoy, Agenda de Eva para esta semana, Agenda de Eva para 30 días, Agenda de Eva para 90 días, para un año y luego tengo las de largo plazo. Ejemplo de mis metas a largo plazo, 1 Ser la presidenta de mi país Honduras, 2 Ser conferencista mundial, 3 Escribir 4 libros mas, 4 viajar por el mundo dando mis conferencias, 5 desarrollar 10 proyectos de viviendas Residencial Cristiana 5 Estrellas, en diferentes países.

Ahora que ya sé mis metas a largo plazo, las repito en voz alta todos los días no importa si los demás escuchan y no me crean quizás aun que no lo crea uno mismo. Siempre que te pregunten si es cierto que harás lo que estás diciendo contesta afirmativo, claro que sí, eso es un hecho, ya estoy trabajando para que esto suceda, te sorprenderá como poco a poco tú y los demás empiezan a creerlo.- Muchas veces queremos guardar en secreto nuestros sueños, pues nos avergüenza decirlo y que después no podamos cumplirlo. El temor de que nos vean fracasar nos detiene y preferimos guardar el secreto o dejar de soñar. No permitas más que tú cobardía te detenga, sé valiente, empieza a decir en voz alta tu sueño y a creer en ti mismo, verás cómo se hará mucho más fácil concretizar tus metas cuando te atrevas a compartirlas con los demás.

Recuerda, si tú no empiezas a actuar sobre esa meta que has estado retrasando por tanto tiempo, hay más posibilidades de que nunca la alcances. ¡Vamos!, ¡levántate! empieza a escribir en un papel 5 de tus metas para el futuro, y elabora un plan de acción, no importa qué tan complicado o costoso sea lo que quieres alcanzar. Una vez que lo dices a todo el mundo, lo escribes y haces un plan de acción para iniciarlo, ya tienes un 50 por ciento logrado.

Lo importante es dar el primer paso ya que es lo más difícil. ¿Te has dado cuenta de cuánto tiempo le toma a un niño dar su primer paso? Pero una vez que lo da, aprende a correr y todo lo que quiere hacer es correr y después de ese momento ya no hay nada ni nadie que lo detenga. El niño que tanto miedo tenía al principio, ahora ya se siente independiente y listo para ir adonde él quiere y cada día quiere avanzar más y más.

El problema que el bebe tenia al principio era ¿Cómo aprender a pararse por primera vez?.- Nosotros actuamos de la misma forma en nuestras vidas cotidianas, lo más difícil es decidirlo en nuestra mente y dar el primer paso para echar a andar nuestro proyecto, sin importar si lo lograras o no; lo importante es iniciar, una vez empiezas, ya sea que lo logres o no, te sentirás más seguro de ti mismo.

Además, después de varias veces de intentarlo, sin duda que avanzaras. Recuerda que al mismo Thomas Edison le tocó que experimentar mas de mil veces antes de tener éxito y crear la bombilla eléctrica que lo hizo tan famoso. Tú debes hacer lo mismo, trabajar duro sin claudicar, lucha por tus sueños y aunque no lo logres las primeras veces, debes de seguir intentándolo hasta alcanzar el objetivo visualizado.

Después de que leas este libro te reto a que empieces a realizar uno de tus sueños o metas, como tú le quieras llamar. Empieza con una micro empresa, da inicio a esa gran empresa con la que siempre has soñado; o avanza un paso más en la empresa que ya tienes, tú sabes que ha llegado el momento de pensar en otro nivel. Puedes hacer algo grande o pequeño, lo importante es dar comienzo a tus sueños: estudia, viaja, desarrolla un proyecto social, político, realiza una aventura o cualquier otro proyecto de vida; pero empieza ya a hacer eso que no te has atrevido a hacer hasta hoy.

Lo primero es saber que te gustaría hacer. Luego te invito a echar un vistazo al futuro y piensa como quieres ser recordado, que te gustaría que tus nietos comenten de ti cuando compartan con sus amigos, o cuando vayan a visitar tu tumba, piénsalo.- Ahora que lo has pensado y ya sabes lo que quieres. ¿Crees que si te quedas esperando que otro lo haga por ti, algún día se realizará tu sueño?

¿Quieres seguir alargando tus sueños porque los demás no te dan el visto bueno? No sigas perdiendo tu tiempo viendo la televisión, o chateando con tus amigos o familiares, es tiempo de actuar en serio. No tengas miedo, enfoca tu visión hasta las estrellas y quizás no los alcances, pero con seguridad llegarás muy lejos. Siempre trata de ser el principal en todo, toma la responsabilidad, no es fácil pero cuando los demás ven que tú avanzas ellos te empiezan a respetar y a seguirte y lo más importante de todo; a creer en ti y tu trabajo.

Te sorprenderás al ver que después de que hayas decidido lo que quieres hacer y empiezas actuar sobre ese proyecto u objetivo planeado, todo llegara a ti más fácil. Quizás no sea tan rápido como deseas pero poco a poco veras materializarse lo que un día solo veías abstracto en tu mente. Primero debes de decidir qué es lo que quieres y luego imaginártelo ya realizado.

Entre más claro tengas cuál es tu meta, más fácil será lograrla, recuerda, has un plan de acción y empieza a trabajar en ese plan ahora mismo sin demora alguna. Lo peor que te podría pasar sería no lograrlo, pero eso dependerá de qué tan decidida o decidido estés y cuánto te esfuerces para lograr tu meta. Como todo en la vida, la clave está en trabajar con dedicación y ahínco para lograr todo lo que te propongas.- Sabes, yo siempre he querido ayudar a cambiar la vida de los demás para bien. Quisiera ver un mundo con igualdad de género, igualdad económica. Mejorar la vida de todos los emigrantes alrededor del mundo; pero pronto me he dado cuenta que si ellos o ellas no quieren poner de su parte, será imposible para mi ayudarles pues para mejorar su estilo de vida, tienen que empezar a anhelarlo ellos mismos. Solo si nosotros queremos ser ayudados los demás pueden ayudarnos.

Soy de origen hondureña y cuando voy a Estados Unidos y veo como se desperdicia la comida o la ropa, mi corazón se llena de tristeza porque toda esa sobra podría ser tan aprovechado en todos los países pobres que hay alrededor del mundo, sin embargo estoy convencida que de nada sirve darle comida o ropa al pobre una vez si no se le enseña a pensar y actuar sobre sus sueños para que él pueda adquirirlos para siempre. Es importante enseñar a nuestros conciudadanos a soñar y luchar por sus metas para que nuestros países puedan prosperar

¿Quién te dijo que no se puede?   *Por Eva Fernández*

En 1998 después de ver de cerca la inoperancia, incapacidad y falta de sensibilidad para resolver los problemas de tanto damnificado que dejara el huracán Mitch en mi país Honduras, yo decidí que un día participaría en política e intentaría acceder a la presidencia de mi país. Esto no era un sueño fácil, pues yo viví 15 años en Nueva York y para poder empezar a luchar y conquistar este sueño debía de tomar grandes decisiones que cambiarían radicalmente mi vida.

Tenía que tomar la decisión de regresar a mi país e involucrarme de lleno en la política y así lo hice. En el año 2007 empaqué mis maletas y me regresé a vivir a mi país, de donde había salido a los 7 años de vida. Creo que me tocó que aprender a hablar y a escribir un español más académico. Desde entonces he aprendido muchas cosas; entre otras he aprendido que la política en nuestros países es corrupta y que no es fácil moverse en este ambiente, lastimosamente de acuerdo a las noticias aquí ganan los que tienen el control de las urnas, no el que el pueblo elija, los que aspiran hacen lo que tengan que hacer para lograrlo, ganar sin importar a que o a quién se lleven por delante.

¿Quién te dijo que no se puede? *Por Eva Fernández*

    Recuerdo cuando empecé a trabajar para inscribir mi movimiento presidencial en las elecciones primarias del 2008 para participar como precandidata presidencial del Partido Nacional. No fue fácil, trabaje arduamente, anduve más de un año recorriendo mi país y no pude lograr inscribirme, escuché mucha gente hablar cosas negativas de mis aspiraciones, que no sabía lo que hacía, que estaba loca, que mejor dejara de soñar, que si no tenía un padrino político jamás lograría inscribir un movimiento presidencial, pero no le puse atención a esos comentarios, y seguí luchando por mi sueño.-Tengo una hermana quien sabia un poco más de la política y le pedí ayuda pero ella dijo que ya no le interesaba la política y no quiso involucrarse en ese año, así que tuve que ingeniármelas como diera lugar. La verdad fracasé en ese primer intento pero no me di por vencida.- En el 2012 intenté nuevamente inscribir un movimiento presidencial para ser precandidata y participar en las primarias de mi partido y esta vez lo logré. No era fácil pues necesitaba miles de personas para que se lanzaran conmigo en puestos de elección popular como alcaldesas, diputados, congresistas, etc.

    Además necesitaba más de veinte mil firmas de ciudadanos que estuvieran de acuerdo en apoyar mi candidatura. No tuve miedo, sabía que tenía que luchar y fue un honor y una genuina satisfacción ver aparecer mi foto en la papeleta de los candidatos presidenciales, lo logré gracias

¿Quién te dijo que no se puede? *Por Eva Fernández*

al apoyo de hombres y mujeres que como yo, creen en mi país, en la democracia, pero sobre todo creen que es tiempo que gobierne una mujer.- Desafortunadamente no obtuve la cantidad de votos que necesitaba para pasar a las generales, no obstante pude participar en el proceso electoral presidencial. Insisto, no fue fácil pero valió la pena el esfuerzo pues con esto estaba dando mi primer paso que daría inicio a mi sueño político.-Hoy me conocen millones de compatriotas, dentro y fuera del territorio nacional. He cruzado fronteras, he tenido reconocimientos en otros países por ser una mujer valiente y luchar por mis sueños. ¿Por qué comparto esto contigo? porque quiero que sepas que todo lo que soñamos es posible, si lo vemos en nuestra mente podemos hacerlo realidad. Pero debemos de intentar hacerlo dando el primer paso sin miedo, con seguridad en nosotros mismo.- Yo no me daré por vencida, ya di mi primer paso, volveré a luchar por ser la primer mujer presidenta de mi país Honduras, lo haré en la próxima contienda electoral, sé que es un verdadero reto, ya que en mi país todavía hay mucho machismo y muchas mujeres todavía no están conscientes de que necesitan empoderar otras féminas y ayudarlas llegar a los puestos claves donde se toman las decisiones importantes para el país; solo de esa forma los hombres nos van a respetar y valorar como seres pensantes, las mujeres debemos tener equitativamente las mismas oportunidades que los hombres.

Ahora quiero que dediques un poco de tiempo a pensar si crees que todas las experiencias de mi vida han sido fáciles para mí. Claro que no, pero lo difícil de estas experiencias me ha dado fortaleza para seguir avanzando. Ahora piensa en ti mismo y dime si has dado lo mejor de ti para luchar por tus sueños. Si no lo has hecho piensa si ya es tiempo de dar el primer paso, ¿Sabes lo qué quieres lograr en los próximos diez años de tu vida? *Ve a la Internet* —hoy todo el mundo tiene acceso a conseguir información gratis, ya sea en inglés, en español o en cualquier otro idioma — Te aconsejo que empieces por bajar un plan de acción, todos se pueden acomodar a tus propias necesidades.

Luego que tengas identificado el plan y visualizadas tus metas a corto, mediano y largo plazo, escríbelas, recuerda, este es solo el primer paso, no te desesperes, ni corras, no te pongas ansioso o ansiosa, se paciente, porque de lo contrario te decepcionarás si no lo logras rápido. Investiga todas las áreas que necesites saber para lograr elaborar tu plan de acción y lograr eso que tanto anhelas. -Debes de saber todo, cuántas personas necesitas, cuánto dinero, cuánto tiempo, cuánto sacrificio estás dispuesta o dispuesto a dar para lograr tú sueño. Empieza como los bebés, gateando y dando el primer pasito. Cuando tengas toda la información de cuál es la logística que necesitas, dibuja exactamente cómo se verá tu proyecto terminado.

Ejemplo: si lo que quieres es ser alcaldesa de tu pueblo, mírate a ti misma como la alcaldesa que quieres ser, cómo te vestirás, qué vehículo manejarás, qué clase de proyectos apoyarías.

De esta forma, comienzas a prepararte psicológicamente, aunque no lo creas el paso más difícil es convencerte a ti misma de que sí se puede. Si lo que deseas es hacer una casa, sueña donde la quieres, dibuja los planos y luego busca un arquitecto que te los mejore y aunque no tengas el dinero, di a tus amigos y a ti mismo esta es la casa que voy a construir, te sorprenderá como el universo empieza abrirte las puertas para que logres tu sueño.

Recuerda, yo decidí ser presidenta de mi país y para lograrlo tomé una decisión aunque la mayoría creyeron que estaba loca, sí, así es, hasta mi madre y mi esposo lo dudaban, especialmente pues vivía en otro país cuando visualicé este proyecto, pensaban que jamás podría entrar al ruedo político en ese nivel, peor en mi país. Pero eso ha cambiado sabes; hoy ellos creen en mí y miles de personas más, pero yo creí en mí primero, si yo no hubiera empezado a dar mi primer paso nunca podría saber si lo lograré o no, ahora sé que puedo y que debo seguir.

Nunca pero nunca te des por vencido, quizás puedes hacer lo que yo hago, leo la biografía de hombres y mujeres que lucharon por sus sueños y nunca se dieron por vencido hasta que lo lograron. Uno de los hombres en la política que más me motivan es, Abrahán Lincoln, nunca se dio por vencido por el fracaso, desde 1833 luchó por ser parte del gobierno y no ganó. Como representante del congreso perdió en varias ocasiones y fue hasta en 1860 que resultó electo presidente.

Por cierto; Lincoln fue uno de los mejores presidentes de la historia de Estados Unidos; no solo mantuvo la unidad de los estados del norte con los del sur durante la guerra civil, sino que liberó a los esclavos. Con este referente podremos enfocarnos mejor en el reto que tú tienes y que todos tenemos en la vida, cuando queremos salir del círculo del más del 95% de la población, los que siempre estarán igual. Tienes que poner el corazón a tu futuro y con mucha pasión decisión y sobre todo teniendo claro tus metas y atreverte a dar el primer paso, se que lo lograrás.

5 Tips para recordar de este capítulo

1. Tienes que dar el primer paso sin importar si estás listo o no.

2. Escribe tus metas a corto, mediano y largo plazo.

3. Investiga exhaustivamente todo lo relacionado a tu meta.

4. Cree en ti mismo y los demás terminaran también creyendo en ti.

5. Nunca pierdas la motivación, lee biografía de personas que te inspiren.

Capítulo V.

¿ Eres cobarde o eres valiente ?

¿Eres cobarde o Valiente?

Hemos aprendido y leído temas importantes en los capítulos anteriores, pero no es suficiente solo cambiar la forma de pensar, o escuchar solo lo positivo, dar el primer paso; también debemos hacer planes, establecer las metas concretas y más que todo, hay que tener el coraje para lograrlas. Los que cruzan la línea del éxito son los valientes, los cobardes prefieren quedarse del otro lado donde no conlleva ningún esfuerzo extra o ver los ganadores por la televisión, pues ellos se quejarán que no tuvieron las virtudes o suerte para lograr ser triunfadores.

Los valientes luchan por conquistar sus metas y al mismo tiempo se esfuerzan mucho más que los demás, por eso es que a cambio obtienen los premios que recompensan su valentía, su disciplina y esfuerzo. Si tú también quieres pasar al club de los exitosos debes de ser valiente, no te digo que seas un Sansón con una fuerza extraordinaria y ganar una lucha de campeones, o aguantar golpes para que digan: *«Vaya, qué valiente es mi amigo»*, no es así, pero debes de ser valiente para poder realizar las metas que te propongas.

Debemos levantarnos y creer que sí se puede aunque todos los demás digan lo contrario, ser valientes para soportar las críticas de los que no creen en nosotros.

Ser valiente te ayudará a avanzar para lograr tus metas, no importa si no tienes un título universitario o no vienes de familia adinerada. Yo tuve una mamá que tuvo que trabajar de empleada doméstica para poder mantener a mi hermana y a mí después que se separó de mi papá; yo solo tenía 8 años, eso me sirvió para ser más valiente. El cobarde usa sus malas experiencias y sus desgracias para que los demás tengan compasión de él, por el contrario la valiente usa sus malas experiencias y sus debilidades para hacerse más fuerte.

Se necesita coraje para salir adelante, hay que fijarse metas y trabajar por ellas hasta cumplirlas sin importar los obstáculos. Los cobardes empiezan proyectos pero cuando ven las cosas difíciles o que nadie cree en ellos los dejan abandonados y se dan por vencidos fácilmente, sin hacer un verdadero esfuerzo para completarlas y como consecuencia, terminan más fracasados que cuando empezaron y claro, mucho más frustrados. No siempre se logrará el éxito en todo lo que emprendamos, pero debes de dar lo mejor de ti para hacerlo funcionar, debes de agotar todas tus energías y tus fuerzas antes de darte por vencido.- Hay una historia en el libro "Piense y hágase rico" de Napoleón Hill, se trata del joven Derby muy soñador y quien decidió irse a trabajar a una mina buscando oro, para su suerte pronto encontró una beta brillante que al llevar muestras de la misma a los laboratorios para analizarla demostró que había encontrado una de las minas más ricas de Colorado.

Pidió ayuda a sus familiares para comprar maquinas y avanzar más rápida la excavación, y consiguió reunir el dinero suficiente para seguir avanzando, pero pronto perdieron el hilo de la beta, cavaron unos meses mas pero perdió las esperanzas al no volver a encontrar la beta, se dio por vencido y abandonó el proyecto. Las maquinas las vendieron a un chatarrero, éste curioso al escuchar la historia, contrató a un ingeniero en minas para que le diera un analices de la mina, y para su buena suerte la beta de oro continuaba a solo un metro de distancia de donde Derby y su familia se habían dado por vencidos.

Según el diccionario, valiente significa: «Aquel que actúa con determinación en situaciones difíciles o peligrosas.» Otro de los significados es «valeroso, esforzado, intrépido, arrojado, osado, resuelto, atrevido, decidido, para adelante.» Así es, si de verdad quieres, lograr eso que quieres, tienes que ser valiente y persistente, no darte por vencido con el primer obstáculo que se te presente, o perderás todo lo que hayas avanzado.

Sabes, desde pequeña decían todos mis amigos que yo era valiente y atrevida, me acuerdo de que todo el mundo siempre decía: «Esa niña sí es metida, esa niña es atrevida» nunca me motivaron a prepararme, es más, recuerdo que para hacerme sentir mal decían de forma peyorativa, "Esta

¿Quién te dijo que no se puede? *Por Eva Fernández*

niña es una cola de judas" y eso me enojaba bastante, no me querían mucho pues donde vivíamos era un pueblo donde todos siguen una rutina, una cultura y si eres diferente a los demás es porque hay algo anormal en ti.- Pude haberme sentido mal por todas estas críticas y volverme como ellos querían, pero no fue así, siempre dí lo mejor de mí, no tuve la oportunidad de ir a la escuela como los niños normales pues mi mamá se movió a muchas partes buscando trabajo y luego que decidió hacer su vida con un señor en un lugar, en un campo donde no había escuela para el grado que me tocaba estudiar; por lo que solo pude ir 3 años completos a la escuela y pasé al sexto grado en tres años de estudio. Pero eso a mí nunca me desanimó, nunca me di por vencida.

En la escuela era una de las más inteligente, mis compañeros me exigían que yo les hiciera las tareas si no lo hacía amenazaban con golpearme y como yo era muy flaca y pequeña no tenía la condición física para defenderme, les tenía miedo, así que al final de cuentas les hacía sus tareas. Aun así nunca le dije a mi madre no quiero ir a la escuela; estaba alegre de aprender. Las circunstancias de la vida no deben de amedrentarte, entre más duro es el camino más se disfruta la victoria, debes de tener carácter, los cobardes no llegan a ningún lugar y unos años después de que se han muerto nadie se acuerda de ellos porque pasaron por esta vida sin dejar huella alguna.

¿Quién te dijo que no se puede?   *Por Eva Fernández*

Recuerdo una historia que marcó mi vida para siempre, de hecho, las marcadas fueron mis piernas. No te recomiendo que lo hagas, pero es cierto. En el patio de mi casa, había árboles de una fruta muy rica llamada guayaba. Mi padrastro sabía que yo no le tenía miedo a nada y que me subiría al árbol para cortar las frutas por peligroso que pareciera; por lo tanto en el tiempo de cosecha rodeaba el árbol con alambrados de púas muy afiladas y peligrosas, de esa forma pensaba él que yo me abstendría de subirme.

Yo, por mi parte, veía las ricas guayabas y no le ponía atención al peligro del alambrado que tenía que pasar para alcanzarlas yo solo veía las ricas frutas. Un día mi hermana menor me dijo que le encantaría comer guayabas pero con ese alambrado sería imposible acceder a ellas. Yo le dije *"Claro que podemos, solo asegúrate que mi padrastro o mi mami no nos vean"*.
Logré subir hasta lo más alto del árbol, que por cierto era muy quebradizo para bajar las ricas guayabas, pero al estar allá arriba sucedió lo inesperado se quebró la rama donde yo estaba parada, caí desde lo más alto y quedé insertada en las púas del alambre.

Cuando mi hermanita me vió, empezó a gritar, para que alguien llegara a auxiliarme, pero yo le dije: «Cállate o mi mamá vendrá y me castigará.» Así que decidí darme un solo tirón para poder sacar la pierna, pero me hice unas heridas muy grandes y profundas, como de cinco centímetros, cuya cicatriz todavía tengo bien marcada en mi pierna. Claro, mi mamá se dio cuenta de todos modos al ver mi pierna sangrar e igual me castigó.

No obstante, cada vez que yo me veía la pierna, solo pensaba: «No tengo, ni le tendré miedo a nadie, yo siempre puedo obtener lo que quiera.» La verdad, ni bien me había curado, ya estaba otra vez subida al árbol cortando las guayabas, así que mi padrastro optó por quitar aquellos filudos alambrados, porque sabía que igual, eso no me detendría de subir nuevamente a cortar las frutas.

Cuando quieras algo no te detengas por pequeños obstáculos, se valiente, no le tengas miedo a nada ni a nadie, si tú sabes que puedes lograr algo, ve por ello, que no te importe cuántas heridas o golpes te vas a dar para alcanzar lo que quieres y no digo físicas, que son las que sanan con más facilidad, sino las cicatrices que dejan los fracasos en la vida, lo importante es no tener miedo y seguir luchando por lo que quieres, no importa si en el camino hay alambrados que quitar.

Recuerda, cuando los demás vean que estás decidida o decidido a luchar por tu sueño, terminarán ayudándote a quitar las trabas para facilitarte la llegada como lo hizo mi padrastro. La Biblia dice que Dios le mandó a decir a Josué:

«Esfuérzate y sé valiente, no temas ni desmayes", Moisés sabía que Josué era valiente por eso le encargó la gran tarea de terminar de pasar su pueblo de Israel por desierto y llevarlos a la tierra prometida. Los valientes nunca se detienen a pensar en el peligro que les ocasionará o el riesgo que pueden correr en el intento, ellos piensan únicamente en la victoria que conseguirán si logran atravesar ese obstáculo.

A los 17 años emigré a Estados Unidos, lo primero que hice al llegar fue aprender a hablar inglés, pues quería tener mejores oportunidades y no trabajar en una fábrica o lavando platos, como lo hacen la mayoría de emigrantes. Luego me las ingenié para legalizar mi estatus migratorio y así poder aprender inglés luego seguir estudiando e ir a la Universidad y lo logreé

Antes de ser legal, yo crucé varias veces la frontera para ir a ver a mi hija que había quedado pequeña y no me importaba el riesgo que tomara, yo sentía que era mi responsabilidad que mi hija supiera que yo era su madre, ganarme su cariño no fue fácil, me acusaba de haberla abandonado. Entonces yo me tracé la meta de traer a mi hija para Estados Unidos, luché mucho para hacerlo y al final lo logré; pero fue porque fui valiente, porque no me importó nada ni nadie; yo sabía lo que tenía que hacer y simplemente lo hice. Traer a mi hija no solo puso mi vida en riesgo en la frontera sino también en el país donde estaba mi hija ya que jamás me la darían por las buenas y tuve que robármela y pasarla también de mojada de mi país natal. Sabía que podía perder la vida pero sabía que debía hacerlo para que ella creciera conmigo.

Conocí muchas mujeres en Estados Unidos que dejaron sus hijos en sus países natales para venir al Norte, ya en U.S.A. se casaron, tuvieron más hijos y ya no se interesaron mas por los hijos que dejaron allá en su país de origen pues vieron muy difícil la traída; en consecuencia, muchos de estos jóvenes integran en las maras juveniles, pues se sienten no queridos por sus padres. Yo espero que este libro lo lean miles de emigrantes que como yo han arriesgado la vida para llegar a la tierra de la oportunidad, ellos dejan todo lo que tienen en sus países, especialmente sus seres queridos, por el sueño Americano. Muchos de ellos tienen que subirse en el tren conocido como "La Bestia" o el tren de la muerte que atraviesa el territorio mexicano de de sur a norte.

En esta travesía sufren condiciones inhumanas apiñadas en camiones para evitar que los atrape la migra, arriesgan la vida caminando por semanas en el desierto; hacen lo que sea porque su meta final es llegar a este país donde esperan encontrar las oportunidades de conseguir una vida mejor, que les fueron negadas en su país de origen. Llegar a Estados Unidos les es un verdadero acto de valentía. Pero…

¿Qué pasa después de que llegan a su destino final?

La gran mayoría se acomodan a vivir como todos los demás, alquilan un cuarto en una casa donde viven muchas personas más, buscan trabajos en fábricas, construcción, amas de casa, restaurantes, donde hay otros inmigrantes en las mismas condiciones. Lo cierto es que aunque ya están en el país de las oportunidades, no hacen un esfuerzo más para aprender inglés o quizá un oficio que les brinde mejores oportunidades para salir adelante y sobreviven por décadas en una situación visiblemente desventajosa para ellos, privándose de la bonita vida al lado de sus amigos y familiares.

Otro segmento de estos inmigrantes, los que son más luchadores, compran casa, carro y se acomodan a vivir como el gringo promedio, pagando cuentas y envejeciéndose cada día más, sin tener proyectos de vida, claramente establecidos. También hay inmigrantes que ya estando en U.S.A buscan excusas para no luchar por sus sueños como deberían de hacerlo. Dicen: yo no puedo alcanzar todo lo que usted ha logrado porque soy indocumentado.

Esas son simples escusas, yo conozco amigos exitosos que jamás tuvieron papeles y no les hizo falta. De hecho yo fui ilegal y nunca trabajé para nadie así que nunca usé los papeles de Estados Unidos y en ese país con una corporación y un número del Servicio de Impuestos Internos (IRS, por sus siglas en inglés) puedes hacer tu propio negocio, trabajar para una red de mercadeo o abrir tu propia empresa, aun cuando no tienes papeles. *Insisto, no hay excusa.*

Si tú eres inmigrante como yo, te reto a que hagas un cambio, debes de hacer las cosas diferente, primero tienes que ser valiente, esfuérzate un poco más que los demás, segundo recuerda que hiciste un gran esfuerzo para llegar hasta allá, dejaste a tu familia y arriesgaste tu vida, aprovecha y prepárate, ahorra e invierte en tu país de origen. Aprende inglés y un oficio que te genere buenos ingresos. Incluso puedes buscar una empresa que te da más oportunidades, pero no te quedes allí parado que jamás avanzarás.- Tu acto de valentía amerita que garantices seguridad financiera a tus familiares cercanos. La mayoría de los seres humanos prefieren ser cobardes porque así se sienten más seguros, metidos en su cueva viendo televisión, malgastando su tiempo, charlando en "whatsapp o facebook", aun cuando solo tienen un ingreso mínimo y saben que su futuro financiero es incierto.

Conozco personas que dicen que no tienen un mejor trabajo porque tienen miedo de manejar porque pueden tener un accidente, normalmente le tienen miedo al tráfico, por eso se quedan toda una vida en un trabajo mal pagado. La cobardía tiende a cooperar para que una persona sea infeliz.

Tengo amigos que le tienen miedo al divorcio por eso se quedan con una persona que no los ama y saben que es lo peor que pueden hacer. Saben que están con la persona errónea para el resto de su vida pero no tienen valor de estar solos o de enfrentar lo que diga la gente y sus familiares, pero aun si son mujeres, tienen mucho más miedo pues tal vez deben de quedarse con sus hijos a los que tiene miedo no poder mantener.

Estas personas viven frustradas y se consuelan repitiendo viejos refranes que se acomodan perfectamente a su situación: *"Más vale viejo conocido, que nuevo por conocer"* y esto los hace sentirse mejor, aunque enfrenten una situación caótica.

De lo que estas personas no se dan cuenta es que su cobardía les está garantizando una vida infeliz para el resto de sus días y lo peor es que la vida no retoña. Los cobardes atacan a los valientes pues los quieren ver fracasados como ellos, quieren acobardar a los que tienen a su alrededor así que todo el tiempo les dicen a los demás: *"Te va a ir mal si te metes en ese negocio, después no digas que no te lo dije"*. Lo peor es que ellos ni saben qué es el éxito pues solo conocen el fracaso. Lo cierto es que los cobardes no fracasan, porque nunca intenta nada. Hay muchos tipos de cobardía; yo sé de amigos que han estudiado un profesión y que después se dieron cuenta que no es la opción que ellos querían, pero ellos trabajaran en esa carrera aunque vivan miserables, y seguirán allí trabajando en dicha profesión para que sus amigos y su familia no los critiquen, el cobarde normalmente tiene pánico a la crítica de su entorno.

Yo espero que tú no seas cobarde pero, si padeces alguno de esos síntomas de cobardía que he explicado anteriormente, debes de saber que si no cambias tu actitud, te quedarás en el club donde pertenecen los fracasados, éste no es el mejor grupo al cual pertenecer.

Sabías que de 40 años de trabajo, solo hay un 1% de ricos y un 4% trabajan financieramente de forma independiente; el otro 95% termina así: El 5% todavía trabajando como al principio; el 36% muerto; y el último 54% totalmente en quiebra. Mientras gozas de energía, salud y juventud si no eres más valiente que los demás deberás conformarte a pertenecer al grupo de los fracasados. El club del éxito es el del 5% y pertenecen aquellos a los que no les importa lo que los demás piensan, los que no tienen miedo al fracaso, ni a la crítica, los que están dispuestos hacer lo mismo mil veces aun cuando fracasen, los que se esfuerzan un poco más que los demás. Nunca es tarde para reflexionar y decidir a qué grupo quieres pertenecer al de los ricos o al de los pobres. ***Tu decides.***

5 Tips para recordar de este capítulo

1. *Las malas experiencias y las debilidades se aprovechan para fortalecernos.*

2. *No le tengas miedo a los obstáculos que al verte decidido los demás te ayudarán a despejar el camino para que avances.*

3. *No seas cobarde, la cobardía te garantiza el fracaso.*

4. *No te quedes haciendo lo que no te gusta solo por temor a lo que digan los demás.*

5. *Decide hoy en cuál grupo quieres estar cuando te retires, ¿en el 95% o en el 5%?*

Capítulo VI.

Malos hábitos, malos resultados

Malos Resultados

No sé a ustedes, pero a mí cuando estaba pequeña me molestaban los refranes de mi abuela. Me parecía que eran indirectas a mi persona. A las cinco de la mañana nos levantaba y decía: Vamos, arriba: "La pereza es la madre de la pobreza". Otras veces afirmaba: "Camarón que se duerme se lo lleva la corriente". Con el paso de los años uno mismo se va dando cuenta de que esos refranes de nuestros ancianos están llenos de sabiduría ancestral.

Definitivamente los hábitos determinan el resultado de nuestras vidas. Si uno quiere salir adelante y lograr metas debe comprometerse y aplicar en la vida cotidiana todo lo que vamos aprendiendo; los malos hábitos nos pueden conducir al fracaso por lo que hay que trabajar para mejorarlos.

Algunos de los hábitos muy dañinos para nuestro ser son: la soberbia, la crítica, el afán, las excusas, la pereza, la irresponsabilidad y el desorden, entre otros. Estos malos hábitos debemos remplazarlos por buenos, tales como: la paciencia, la tolerancia, la verdad, la tranquilidad, la responsabilidad, el trabajo y el orden.

La soberbia

Este es uno de los hábitos que nos causa mucho daño, pues nos hace perder el control. Por causa de la soberbia provocas que las cosas buenas que esperas se posterguen. Si crees que padeces de esa enfermedad debes de buscar los medios adecuados para mejorarla de inmediato o te será mucho más difícil lograr el éxito. Por cierto, te contaré una anécdota de una persona muy cercana a mí, que sufría de este mal.

Él fue un hombre muy simpático e inteligente y digo fue porque ya falleció. Desde que lo conocí le tuve respeto y admiración, era un ser muy audaz, pero estaba lleno de soberbia y no permitía que nadie le aconsejara, aun cuando estaba equivocado la versión de él era siempre la correcta. En su mundo había espacio solo para él, por lo tanto eran muy pocas las personas que entraban a su alrededor. Muy pocas veces lo vi contento, siempre estaba de mal carácter, las veces que lo vi bromear estaba bajo la influencia del alcohol. El tenía varios proyectos grandes que podrían haberle dado mucho dinero.

En un par de ocasiones lo vi a punto de firmar grandes contratos de negocios con los que recibiría varios millones de dólares y por una pequeña cosa perdía la calma y no se ponía de acuerdo. Lo más triste es que falleció muy pobre y sin una esposa a su lado. Comparto esta historia contigo pues yo antes también era un poco soberbia pero gracias a Dios y a libros que he leído me di cuenta que me he hecho daño a mí misma y a los que más quiero. Te digo con cocimiento de causa que la soberbia solo te traerá sufrimiento y que se alejen de ti los que más te aman.

No es fácil cambiar este mal hábito, pero yo un día tome la decisión hace unos años de mejorar mí carácter y poco a poco lo he logrado. Hoy entiendo que todos los seres humanos somos diferentes y debemos de tener respeto y paciencia con ellos. La verdad es que para poder corregir nuestros malos hábitos, sobre todo el tratar bien a los demás, es necesario aprender relaciones humanas, conocer que todos los seres humanos somos importantes y debemos tratarles con dignidad y amor sin importar su estatus social.

Muchos de nosotros aprendemos desde pequeños a decir de una forma directa las cosas a los demás, ese es un comportamiento que debe de corregirse y empezar una nueva forma de tratar a las personas. Tomara un proceso, no será por arte de magia que verás los cambios, será con dedicación y reconociendo que la soberbia es dañina para ti y los demás, que lograras mejorar. Muchas veces uno no tiene la culpa de ser soberbio; simple y sencillamente tu aprendes del ejemplo de los demás, quizás hasta de tus propios padres, de cómo te trataron ellos en tu casa o de tus familiares y amigos cercanos. Para mí, mejorar mi actitud fue un verdadero trabajo, yo mejoré las relaciones humanas después de leer un libro mágico que pasó por mis manos hace unos quince años, me lo regaló un ex presidente de mi país Honduras

El libro del que te hablo se llama: *¿Cómo ganar amigos e influir en las personas?,* de Dale Carnegie. Como era un poco soberbia, no lo quise leer cuando me lo obsequió, es más me sentí ofendida y lo arrojé al fondo de un cajón. Fueron años más tarde que mi amigo millonario hondureño, quien solo tenía veintiocho años de edad y ya era exitoso, me lo regaló nuevamente, pero en esta ocasión en formato de audio, y quizá por la conveniencia del formato, y la admiración que yo le tenía a mi amigo, terminé por escucharlo. Entonces descubrí lo que me había estado perdiendo al tratar a los demás con desafecto, ese libro me ayudó.

No tienes idea de lo que este libro hizo en mi vida, me cambió totalmente la forma de ver y tratar a las personas. Me volvió más tolerante y me hizo reconocer de muchos de mis erróneos comportamientos anteriores. Fue impresionante todo lo que aprendí. Qué pena que no lo haya leído antes.

No es fácil aceptar tus errores y lo sé porque fue uno de los malos hábitos con los que yo tuve que batallar para mejorarlo. A mí me molestaba que alguien me dijera que yo no era amable o soberbia, que no daba gracias cuando me hacían favores, que no apreciaba lo que los otros hacían por mí.- En verdad te comparto esto, por si acaso tú tienes un poco de soberbia y no eres amable con las personas en tu entorno y no valoras a los demás, padeces de ese mal que yo padecía, necesitas seriamente dedicar un poco de tu tiempo para leer este libro. Si no te gusta o no te alcanza el tiempo para leerlo escúchalo en audio como lo hice yo. Si tomas el tiempo para leerlo o escucharlo varias veces, veras como pronto te ayudará a ti también.

La crítica

La Biblia dice que "De la abundancia del corazón habla la boca", yo aprendí que hay que pensar bien antes de criticar a alguien. Cada vez que uno abre su boca para decir algo malo del prójimo o repetir algo negativo en contra de otras personas, piensa que estás sembrando una semillita y que muy pronto dará frutos pues otros hablaran de ti y será entonces cuando obtengas una cosecha multiplicada de lo que has sembrado.- Les compartiré una pequeña historia del libro ¿Cómo ganar amigos e influenciar a los demás? que me hizo reflexionar sobre la crítica. Cuenta la historia de uno de

¿Quién te dijo que no se puede? *Por Eva Fernández*

los alumnos de las clases de Dale Carnegie, que su esposa le pidió ayuda ya que ella y unas compañeras de su parroquia, habían organizado un proyecto para mejorar sus personalidades, ella pidió a su esposo, que le ayudara a nombrar 6 cosas que le ayudaran hacer mejor persona.

El pedido le sorprendió francamente, pues sería fácil decirle 6 cosas que él hubiera deseado que ella cambiara, pero prefirió quedarse callado, pensar tranquilamente y analizar lo que iba a decir. Finalmente se limitó a decir, "Cariño déjame pensarlo y mañana te daré una respuesta". Al día siguiente tempranito llamo la floristería y le pidió que le enviaran 6 rosas a su esposa con una nota que decía: *"No se me ocurren 6 cosas que quisiera cambiar de ti"*.

Al llegar a la casa ¿Quién creen que estaba en la puerta esperándolo? Si, su esposa a punto de romper en lágrimas, nunca me sentí más orgulloso de haberme quedado callado dijo el alumno. El domingo cuando él llegó a la iglesia era el hombre más famoso entre todas las damas, pues no había ofendido a su mujer en cambio le había dado un bonito halago. Todas lo felicitaban por el fino y amable detalle que había tenido con su esposa. ¿Crees que eso hubiera pasado si él le hubiera dicho, sus 6 verdades como lo pensó en un principio?. Hay que tener mucho cuidado cuando vamos a criticar a alguien, nunca te apures a elaborar juicios contra los demás. Podemos hacer un daño irreparable a la persona que criticamos pero también a nosotros mismos, pues nuestro corazón se vuelve frio e insensible, además no olvides tu cosecha. Cuando yo era más joven también hice daño a mis seres más cercanos, a los que más quería, pues yo decía que era directa y les decía la verdad en su presencia, no en su ausencia.

Como lamento no haber sabido considerar el daño que hacía con mi forma directa de ser. Cuando tú le dices las cosas directas a alguien le puedes dejar heridas por muchos años. Es todavía peor si esas personas no son de carácter fuerte ni están preparados para aceptar critica, así que evita reprochar a nadie, deja que otros hagan eso, tu mejor enfócate en elogiar lo bueno que las personas hacen, eso sí, tiene que ser un elogio sincero, la hipocresía es igual o peor de dañina que la crítica. Ser amable y sincero te abrirá las puertas y te traerá paz y tranquilidad a tu corazón.

Una mañana que estaba haciendo las últimas correcciones para publicar este libro, subí una foto a Facebook y publiqué "Estoy contenta porque finalmente mi libro será terminado y el próximo año saldrá a la venta". Después de este anuncio hubo en mi página un 90% de comentarios positivos, pero había un 10% de comentarios negativos. Los comentarios buenos me hicieron sentir feliz, pero los comentarios malos me hicieron sentir mal, no por el simple hecho de que me estuvieran ofendiendo a mí; por el contrario, me hizo sentir triste porque yo sé que esas personas tienen sus corazón vacío y estéril, están llenos de envidia y rencor, abren su boca solo para agraviar y tarde o temprano se causaran daños así mismos.- Qué bueno hubiera sido si yo hubiera aprendido antes lo que sé hoy, pero bueno es parte de la jornada del crecimiento personal, reconocer que tienes malos hábitos que no te harán bien en tu vida y decidir mejorar, es un acto de madurez. Yo espero que consideres lo que estoy compartiendo contigo para que no cometas los errores que yo cometí, lee el libro: "Cómo ganar amigos e Influenciar a los demás" de Dale Carnegie. Aun cuando creas que no tienes problemas de soberbia o crítica este libro te ayudará en las relaciones humanas.

El afán

Siempre que estoy en Estados Unidos veo con tristeza como mis amigos, en su gran mayoría, siguen en la misma condición económica de hace casi dos décadas, pero con el mismo o mas afán que antes. No organizan su tiempo ni siquiera para almorzar. Ellos son parte de un sistema al que yo también pertenecí en un tiempo y que la gente asume pasivamente como normal, pero ahora me doy cuenta que no vale la pena afanarse.- Yo quería hacer tanta cosas que me perdí momentos importantes en mi vida y en la vida de mis hijos, en mi juventud no aprecié muchas cosas buenas que la vida me dio, por vivir siempre apurada.

Lo curioso es que yo aseguraba que los que tenían un problema eran los demás no yo, solía decirles: "Como ustedes no tienen trabajo creen que yo tampoco, yo no soy haragana". No me gustaba perder un rato de trabajar, siempre llegaba rápido a donde tenía que ir, a veces hasta con exceso de velocidad, el tiempo nunca me alcanzaba. Al reconocer lo equivocada que estaba, que el apuro no ayuda a terminar todo rápido, sino que ayuda a provocar enfermedades e insatisfacciones, he aprendido a vivir un día a la vez.

Un día estaba relajada recostada en el sillón de la sala viendo televisión cuando llegó a mi celular una de esas cadenas que te envían tus amigos, yo normalmente las ignoro, pero ese día decidí darle atención, terminé leyéndola y vaya si valió la pena. La anécdota relata que una vez falleció un hombre de negocios en un accidente de automóvil, al abrir los ojos vió a Dios quien estaba a su lado y cargaba su maletín, con mucha tristeza le preguntó:

¿Oye que pasó, no me digas que estoy muerto? Sí, le respondió Dios, entonces él se puso a llorar y entre sollozos continuó: ¿Oye pero cómo pudo pasar esto tan rápido, yo no estaba listo, qué pasó y todos mis planes, mis proyectos, yo soy una persona importante por qué que me trajiste tan rápido, ya no voy a ver a mis hijos graduarse, y mis vacaciones de este año, qué pasó me jugaste mal yo no tenía que morir todavía?.- Luego que se da cuenta que Dios tiene su maletín en la mano le dice: "Que bien Dios que me trajiste mi maletín, tengo muchas cosas, documentos importantes en él". Y Dios le responde: ¿Tus pertenencias? El hombre de negocios muy alegre responde afirmativamente, ¿Sí, traes mis documentos, mis propiedades, mis bienes? A lo que Dios le responde: No, esas cosas nunca te pertenecieron a ti, pertenecían allá a la tierra, nunca fueron tuyas.

Ante esto, el hombre de negocios, totalmente desconcertado insiste: ¿Traes mis títulos, mis logros, mis recuerdos? Esos nunca te pertenecieron eran del tiempo, responde Dios. ¿Traes mis talentos, mis reconocimientos? Ellos nunca te pertenecieron eran de las circunstancias, le corrige Dios de nuevo. ¿Traes mis familiares, mis amigos? Ellos nunca te pertenecieron eran del camino, agrega el todopoderoso.

¿Traes a mi mujer, a mis hijos? Evoca el hombre perdiendo la calma. Ellos nunca te pertenecieron eran de tu corazón; responde Dios, de forma directa. ¿Pero, traes mi cuerpo? No te pertenecía, procedía del polvo, agregó Dios cada vez más sereno. ¿Y entonces que traes, mi alma?, Esa no te perteneció era mía, dijo el omnipotente con suma certeza. El hombre frustrado y lleno de miedo le arrebata la maleta a Dios, la abre y ve que está vacía. Con lágrimas de tristeza pregunta: ¿Nunca tuve nada? Así es responde Dios, solamente fueron tuyos, cada uno de los momentos que viviste, la vida es solo un momento. Nada de lo que tuviste en la tierra fue tuyo, lo único que te perteneció fueron los momentos que viviste, y muchas veces no los aprovechaste...

¡Wow! Después de leer esta cadena yo termine con mi afán, medité en mi vida y empecé a apreciar y disfrutar mi tiempo, mis amistades mis hijos, debido a ello, ahora disfruto cada momento que puedo hasta sentarme a hablar con una persona extraña, a quien nunca antes puse atención, a contemplar la luna, las estrellas, la puesta del sol. Ahora sí le doy importancia a esos momentos aun cuando los demás no lo tomen en cuenta.- A veces observo a mi madre envejecer y su afán de hacer cualquier cosa para mantenerse ocupada, no la deja disfrutar de las pequeñas grandes cosas. No sé por que pero siempre dice que no tiene tiempo y no la he visto tranquilizarse y disfrutar con nosotros ni aun en navidad o semana santa o días festivos cuando la visito. Yo la entiendo, pues yo también padecía del mal del afán. Todos para cambiar debemos de reconocer que lo que hacemos no está bien, de lo contrario nosotros creemos que son los demás los que tienen que cambiar.- Recuerda, yo siempre digo que nadie da lo que no tiene si yo no hubiera sido mucho más afanada que mi madre no compartiría esta anécdota contigo. En la actualidad me siento agradecida con Dios de haber rectificado esa actitud, pues cuando la veo a ella, sé que mi futuro no será así de afanado; recuerda el dicho: la manzana no se cae lejos del árbol; pero yo hace unos años tomé la decisión de cambiar así que se que yo no seré nunca más afanada. Si yo pude tu puedes no te afanes porque ni un solo minuto de vida podrás extender el día que se te llegue el momento de partir; así que disfruta tu vida y los momentos especiales que Dios te regale junto a tu familia amigos y todos los seres humanos que te quieren.

Excusas

Creo que esta es la principal causa de que haya tantas personas que padecen del síndrome de la vaca como dice Camilo Cruz. Los que padecen de este mal siempre buscan a quien echarle la culpa de sus actos, siempre buscan una circunstancia externa que ocasionó el mal resultado que tienen de sus actividades cotidianas o proyectos de vida; nunca asumen responsabilidad de lo que realmente hacen o dicen. Hay algunos hijos que culpan a sus padres de todo lo que le pasa en la vida, aun cuando están mayores. Lo mismo pasa en las parejas, casi siempre le echan la culpa al otro de sus fracasos y de sus logros inconclusos, y aquellos que no tienen alguien cerca a quien culpar, buscan culpar las circunstancias: "No puedo porque yo no tengo carro o porque mi carro está muy viejo. Quisiera ir pero está muy lejos además no se manejar y tal vez tienen transporte público accesible".

Hay otros que dicen que no son tan afortunados porque no son tan inteligentes como los demás. ¡Wow! que excusa tan grande, ¿sabes que todos somos capaces de hacer todo lo que queramos? No hay excusa que valga; si tú quieres salir adelante debes de examinar tu comportamiento, que actitud tienes para enfrentar la vida y empezar a corregirte tu mismo. Debes de levantarte, siempre sabiendo que tú eres el responsable de tu futuro y no debes de culpar a nadie de lo que te pasa. Tus resultados son el fruto de las malas decisiones que has tomado en el pasado y nada más.

No importa si llueve, nieve o relampaguee, si tú ya decidiste hacer algo útil y salir adelante no dejes que una excusa atrase más tu éxito. Compartiré contigo algo gracioso que me pasaba con una amiga de Nueva York cuando la visitaba, ella me hacía perder la calma pues siempre que perdía algo, me decía Eva Tu lo tomaste!!!! Que mal me sentía y yo le insistía no amiga no lo he visto, pero ella siempre me echaba la culpa de todo lo que perdía; un día le dije, ya debes parar con estarme culpando de todo pues no tienes prueba para hacerlo, ella se puso a reír y me dijo: no te molestes comadre es que yo siempre culpo a alguien o de lo contrario seré yo la culpable. *Jajajajajaja*. Es cierto, ella lo hace como broma pero sí en serio ella siempre culpa a los demás de todo. Yo le recomendé que lea el libro que se llama "La vaca", de Camilo Cruz. Este libro es muy bueno para superar el tema de las excusas. Allí encuentras una historia muy interesante que cuenta Camilo Cruz, se trata de una familia muy pobre que solo tenían una vaquita y contaban únicamente con la leche que le ordeñaban todos los días para subsistir.- Un día llegó un hombre de Dios a sugerirles que debían salir adelante y para ello tenían que hacer otras cosas más productivas, como cultivar la tierra o hacer cualquier otra cosa y no depender simplemente de la vaquita, porque ya se les estaba volviéndose vieja y tarde o temprano iban a tener que prescindir del animal.

Al final en una misión, el hombre manda a uno de sus alumnos por la noche a matar la vaquita. El joven sigue las instrucciones de su maestro al pie de la letra; sin embargo va a cumplir la misión muy desilusionado, pues piensa que la familia se morirá de hambre y que es una injusticia lo que harán con la vaquita. El maestro le dice: no te preocupes que la vaca es la excusa que tienen para no buscar nada más que hacer, ya los verás cuando no tengan esta vaca. Ciertamente luego de perder la vaquita, aquella familia tuvo que cultivar las tierras y se vio forzada a prosperarse. Todo está en tu mente, hay que superar los obstáculos y buscar las oportunidades que la vida nos brinda. Yo siempre asumo mis responsabilidades, jamás culpo a nadie de mis errores y si alguien me dice de frente que debo de mejorar algo, me alegro y le agradezco pues eso implica que tengo un nuevo libro que leer y un nuevo reto que emprender, yo sola es poco probable que me vea los defectos.

Pereza

"Esta es la mamá de la pobreza", como decía mi abuela. Las personas que no quieren ganarse ni lo que se comen, aun siendo pobres, pronto se convierten en una carga para sus familias y para la sociedad, viven tranquilos y no les importa nada. Ellos están condenados a ser pobres y depender de alguien. La pereza es una enfermedad, que está en la mente, así como un tumor interno, que no se ve a simple vista, así mismo funciona el síndrome de la pereza.-

La única forma de extirpar este mal, es tomando la decisión tú mismo y aceptar de que es una actitud errada y que no te llevará a nada bueno.

Los que tenemos hijos pequeños debemos de asegurarnos de darles responsabilidades desde temprana edad, no importa si tenemos mucho dinero o no; ellos deben de aprender a ganarse las cosas a través de su propio esfuerzo, pues solo de esa forma podrán valorar las cosas y al mismo tiempo garantizar que se conviertan en seres productivos. Parte de la responsabilidad de que nuestros hijos sean perezosos es nuestra, porque no les dimos la atención debida en el momento adecuado, especialmente cuando estaban pequeños, durante el proceso de formación de su personalidad y lo más probable es que ni cuenta nos hayamos dado por andar siempre ocupados. Por eso es que tienes que vigilar siempre a tus hijos y enséñales a ser responsables desde pequeños; demandándoles que arreglen su cuarto que ayuden en la casa, etc.

Desorden

Esto representa un atraso total en tu vida y en tus éxitos. Automáticamente este mal hábito se convierte en un verdadero problema para resolver, pues a nadie le gusta que le señalen lo malo, aunque sea de una forma constructiva. La mayoría de seres humanos somos así.- Dile a alguien todos los días que es haragán y verás cómo cada día se vuelve más haragana, desordenado, etc. Yo he descubierto por mí misma que lo mejor es autoevaluarse uno mismo, hacerse un examen de conducta y trabajar con una cosa a la vez para mejorar. Sabes, yo también he tenido que aprender a organizarme y la verdad no me avergüenza admitirlo.

Te contaré lo que me dijo un amigo, quien me ayudó a adaptarme yo misma a mi desorganización cuando estaba joven. Yo tenía mi escritorio lleno de cosas y el llegó a visitarme, me dijo: "Wow yo la veía a usted tan brillante que ya me preguntaba qué defectos podría encontrarle".
Dándome por aludida, yo le respondí, "Si, la verdad, como ya se dio cuenta, soy un poquito desordenada".

Entonces se rió y me dijo *"Doña Eva no se preocupe por eso, sabe que mi jefe, que es un multimillonario accionista en la bolsa de valores, con un capital incalculable, jamás sabe dónde tiene nada, es más, no deja ni que uno se siente cerca de su oficina porque dice que si necesita algo solo él sabrá dónde encontrarla y cada vez que busca algo en verdad le da vuelta a toda su oficina y no la encuentra", me dijo sonriendo.*

"Así que no se preocupe usted", Doña Eva, continuó, "que si usted es como mi jefe, seguramente será muy exitosa como él y eso no es realmente un defecto, es que gente como ustedes están siempre muy ocupados", insistió …*Jajajajaja.* Quizá haya exagerado un poco, pero a mí me encantó lo que escuché ese día. Me sentí bien, todos queremos que los demás nos hagan un cumplido de una posible debilidad que tengamos. Ciertamente, ese chico me hizo sentir que yo sería una multimillonaria algún día, aunque no fuera muy organizada.

Así que no te quiero decir que si no eres súper ordenado no saldrás adelante porque sería mentirte, pero si te puedo decir que tu vida es más fácil cuando eres ordenando. Todos los años yo escribo mis metas y parecerá gracioso pero es cierto en el 2012 cuando empecé a escribir mis metas para ese año eran las siguientes, 1). Colocar mi celular siempre en la carterita de afuera de mi cartera, 2). Colocar mis llaves en la carterita de adentro de mi cartera, 3).Colocar mi dinero ordenado en la bolsa de zíper de adentro de mi cartera, 4).Colocar mi ropa nuevamente en las gavetas y la sucia en el cesto de la ropa sucia.

¡Wow! mis familiares y amigos que miraron mis metas, se rieron sobre todo mis hijos. Las metas de los años anteriores eran algo así, comprar un carro nuevo, ir a South África, construir una casa, ¿qué se yo? Sabes con lo infantil que sonaban mis metas del 2012, y te puedo asegurar que fueron las más difíciles de cumplir; no obstante, lo he logrado en un 80%. Parece broma pero el haber logrado esas pequeñas cosas me ha dado disciplina para ordenar áreas más grandes de mi vida. Si tú tienes problemas, para organizarte, te daré un par de tips que a mí me han funcionado y hoy me siento satisfecha de cada día seguir mejorado mis hábitos organizacionales. Primero bota todo lo que no sirva de tu casa, muebles, ropa, etc. Si puedes reemplázalos por nuevo. Luego ordena tu cochera, tu carro, tus closets y todo lo que esté a tu alrededor. Si yo no tengo el tiempo para hacerlo personalmente pago una persona para que me ayude hacerlo. El desorden hace perder tiempo y traer muchas frustraciones, así que es un mal hábito que vale la pena eliminarlo. Tu puedes, empieza hoy mismo a tomar control de tu organización y veras que valdrá la pena hacerlo. *¿Quién te dijo que no se puede?*

5 Tips para recordar de este capítulo

1. Leer el libro como ganar amigos e influenciar en las personas te ayudara a tratar mejor a los demás.

2. "De la abundancia del corazón habla la boca" ten cuidado cuando juzgues a alguien.

3. Deja el afán que cuando, te mueras no llevarás nada al otro mundo.

4. Lee el libro de Camilo Cruz "La Vaca" y no pongas más excusas para salir adelante.

5. Corrijamos los malos hábitos si queremos avanzar más rápido en un futuro de éxito

Capítulo VII.

Tu familia y amigos

Tu familia y amigos

¿Estás listo para empezar una nueva etapa en tu vida?

Bien, ahora debemos de analizar quiénes son tus amigos ya que ellos juegan un papel importante en tu futuro, por lo que debes de considerar quiénes son tus amigos ya que un amigo con mentalidad de fracasado te influenciará a ti atrasando el proceso de tu crecimiento personal y financiero. Así que será doloroso lo que tendrás que hacer: Tienes que dejar a tus amigos negativos con los que has cargado una vida a un lado si quieres salir adelante.

Sé que estás pensando en alguno de tus amigos ahorita y estás diciendo: *«No, pero eso no es justo.»* Te tengo una mala noticia, todo lo que hagas no te servirá de mucho si sigues cargando con amigos que no están pensando como tú, que son pesimistas, que todo el tiempo están pensando negativamente, responsabilizando sus problemas y sus fracasos al sistema, el gobierno o la mala suerte. En otras palabras tienen una mente pobre.

Con esa clase de amigos, te será difícil crecer; ¿sabes lo que pasa cuando la hierba mala nace y empieza a crecer al lado de una planta buena? La planta buena crece mucho más lenta porque la mala le atrasa y crece más rápido.

Así pasa con nosotros y nuestros amigos negativos, si estas tratando en serio en luchar por alcanzar tus objetivos debes de hacer una evaluación de tus amistades y personas más cercanas a tu entorno, deberás de tomar una decisión muy severa respecto a ellos. Si no estás dispuesto a separarlos de tu vida, quizás puedas hacer lo que yo hago: traerlos a ellos a mi nueva aventura. Regálales este libro u otro libro de superación personal y dales las herramientas necesarias para que ellos también empiecen a soñar como tú. Si en el camino ves que no quieren cooperar y que serán motivo de atraso para que tu logres las metas que te has trazado, tendrás que tomar la decisión pertinente y seguir adelante sin ellos.

Hay una historia muy conocida de la Biblia, la mujer de Lot que se convierte en estatua de sal por no haber escuchado. Lamento decirte que si no empiezas a quitar todo lo negativo que te rodea, no llegarás muy lejos y puedes terminar como la mujer de Lot "paralizada". Yo tenía una buena amiga, pero siempre me trataba mal, aunque decía que me quería mucho. Decía que era imposible que yo pudiera alcanzar lo que yo me proponía, muchas veces me decía: «Tu, estás loca, eso no se puede», o se reía y con sarcasmo me decía: «Estás soñando.»

Bueno, ahora me doy cuenta de que si no hubiera soñado, nunca hubiera podido lograr nada, es más, cada día mis sueños son más grandes, ahora sueño con que este libro mejorará la vida de millones de personas alrededor del mundo.- Además sueño que será un bestseller por el impacto que dará en los que lo lean, ¿cómo ves? soñar no cuesta nada, pero si tu no sueñas, corres el riesgo de quedarte como el mas del 95% de la población global, donde es fácil pertenecer.

No te preocupes si ya tienes cuarenta o más años, las biografías de los hombres y mujeres de éxito nos enseñan que muchos de ellos empezaron a triunfar después de los cuarenta; *el actor Samuel Jackson, Ha sido una figura constante en Hollywood por años, pero antes de sus 39 años sólo tuvo pequeños papeles hasta que consiguió un rol galardonado en la película "JungleFever" de Spike Lee en 1991.*

Henry Ford tenía 45 años cuando creo la revolución del Ford. Jack Weil a los 45 fundó lo que sería la marca más popular de ropa de vaqueros. Rockmount Ranchear, fue el director general de la marca hasta que murió por causa natural a los 107 años en 2008. Charles Darwin pasó la mayor parte de su vida como un naturalista que no tenía mucha interacción social, pero a sus 50 años, con su obra "El origen de las especies" cambió a la comunidad

¿Quién te dijo que no se puede?   *Por Eva Fernández*

científica para siempre en el año 1859. RayKroc, pasó la mayor parte de su carrera vendiendo máquinas para hacer batidos antes de comprar McDonald's en 1954, y fue hasta la edad de 52 años que convirtió a esta marca en la franquicia más grande de comida rápida de todo el mundo. Asimismo, TaikichiroMori, fue solo un académico antes de fundar la compañía constructora Mori a los 51 años, cuando sus inversiones lo convirtieron en el hombre más rico del mundo en 1992, cuando su fortuna alcanzó un valor neto de 13 billones de Dólares. Anna Mary Robertson Moses. "La abuela Moses" comenzó su prolífica carrera como pintora a los 78 años y en 2006, una de sus pinturas fue vendida en 1,2 millones de Dolares.

Bueno, yo misma ando en mis cuarentas y hasta ahora estoy viendo los frutos de mis años de tenaz esfuerzo, dedicación laboral, sueños por conquistar y un futuro prometedor. Si eres más joven que yo y tienes grandes sueños, debes empezar desde ya a tomar el control de tu vida seguramente estarás mejor que yo y que muchos de estos famosos ya que ahora con la tecnología y tanta oportunidad de comunicación mundial tienes todo al alcance de un clik, así que si eres joven aprovecha tu juventud.

Recuerda siempre la historia del sapo, a mí me ha servido mucho para bloquear los consejos de mis amigos menos exitosos que yo. Sé sordo, no escuches a nadie que te diga cosas que no contribuyan a dar un paso más a tu meta. Escucha solo a tu propia voz y verás que te mantendrás enfocado. Si escuchas a alguien que es importante en tu vida, y no cree en ti te seguro te causará daño, déjalo a un lado. No te estoy diciendo que te divorcies, estoy hablando de tus amigos u amigas.

Sabes, los ricos y famosos dicen que tu nivel de éxito se mide por las amistades más inmediatas que tienes, por eso tienes que asegurarte de que tus mejores amigos, si no son millonarios, por lo menos sean soñadores como tú.

El tema de la familia es más delicado, pues aunque algunos de ellos sean negativos y que no crean en ti, tienes que aprender a vivir con ellos. Muchas veces, para poder lograr las metas, tenemos que sacrificar nuestra propia familia porque nos ausentamos por el trabajo. A veces pensamos que lo vamos hacer por un tiempo y que en cuanto estemos bien, regresaremos a ellos. Lo malo es que, casi siempre, tomamos más tiempo de lo que pensamos y nos damos cuenta de que nos hemos perdido momentos especiales que nunca podremos recuperar.

¿Quién te dijo que no se puede? *Por Eva Fernández*

Si tú sacrificas tu familia, tarde o temprano te pasará la cuenta, a mí me pasó. Cuando mis primeros dos hijos eran pequeños, yo trabajaba mucho en mis empresas, bueno los había tenido muy joven, llegué como una inmigrante a Estados Unidos y no quería que ellos pasaran lo que yo había sufrido para tener lo básico. La verdad me perdí cosas importantes de sus vidas. Ahora que ya están grandes me doy cuenta de que los momentos lindos que se pierden en familia nunca se pueden recuperar.

Ocúpate de tus planes pero siempre recuerda que hay una familia que te ama y te necesita; más importante aún si tienes niños pequeños o un matrimonio nuevo no lo descuides por lograr el éxito. Nada te hace sentir más infeliz que el hecho de ver a tus hijos frustrados, así que yo te puedo decir con certeza que no es bueno que por pensar en el futuro financiero de ellos mismos o el éxito que tú quieres alcanzar, no le dediques el tiempo que ellos necesitan a tu lado. Siempre túrnate con tu esposo para que cuando tú estés ausente, él este con ellos, o si él está ausente tú estés con ellos. Si no haces las cosas bien y tus hijos te pasan la factura de haberles abandonado o no haberles dado la atención que necesitaban, el éxito no sabrá a triunfo, sino mas bien a derrota y no habrá alguna meta obtenida que te haga sentir que valió la pena sacrificarlos.

Todo se vendrá abajo ante tus ojos.

Mis dos hijos mayores sentían que yo tenía la culpa de todo lo que les pasaba a ellos que ahora sé que fue inmadurez de ellos, pero la verdad yo me frustraba. Ahora ellos ya están tomando el control de sus vidas y lo están haciendo muy bien, pero no fue fácil.

Ahora que estoy mayor, con mi hija pequeña, me aseguro de que yo, su papá, mis hijos mayores o su abuela estén con ella cuando salimos y no lo hacemos por largos períodos de tiempo; además, nos mantenemos en constante comunicación.

Comparto esto contigo porque no quiero que tú cometas el error de abandonar a tu familia porque estás más preocupado o preocupada por su bienestar financiero, parece raro pero creo que cuando están pequeños agradecen más el tiempo que comparten contigo, que las cosas materiales que puedas darles. Por lo tanto, tu familia y tus sueños tienen que ir de la mano.

La Biblia dice que donde dos se ponen de acuerdo, serán capaces de mover una montaña, si así lo desean.- No te quiero decir que si tu pareja o familia no te apoya tu no lograras el éxito. Yo estoy segura que la primera que tiene que estar convencida de que se puede eres tú mismo. Después, cuando los demás vean que lo estás logrando, empezarán a creer en ti.

¿Quién te dijo que no se puede?   *Por Eva Fernández*

Claro que es más fácil si logramos el apoyo de nuestra pareja, sobre todo nosotras, las mujeres, y más si somos latinas, que por cultura, vemos a nuestro esposo como el capitán del barco.

La Biblia dice que nuestros esposos son la cabeza de nuestro hogar y eso hace que las mujeres necesitemos más el apoyo de nuestra pareja. ¡Ojo! No quiero decir con esto que si tu esposo no te apoya, tú no puedes lograr tus objetivos; por supuesto que sí se puede, yo misma he tenido que ganar grandes batallas, aun sin el apoyo de un hombre. Por eso, te puedo decir con autoridad que si logras llegar a un acuerdo con tu pareja y tu familia antes de iniciar un nuevo proyecto todo será mucho más fácil.

Yo tengo claro que si bien el hombre es la cabeza del hogar no es el capitán de mis empresas, pues quizás el tenga talento para unas cosas y yo para otras, así que no te confundas la familia y los negocios son dos cosas diferentes. Nunca olvides que tu familia es importante y siempre estará contigo, así que trata de involucrarlos en tus planes futuros. Si no quieren cooperar contigo, no te desanimes, siempre podrás lograrlo, pero tienes que ser muy valiente porque será un poco más difícil. Lo importante es que si estás decidido, con ellos o sin ellos puedes lograrlo.

Así que, mi amiga, amigo, si ya estas claro quién quieres ser en el futuro, empieza a hablar con tus seres queridos buscando su apoyo y comprensión, ya que esto te facilitará grandemente el camino a recorrer, si no lo consigues, sigue adelante, no pares por eso, pero actúa con mucha sabiduría. Algo que si debes evitar hacer es irte de tu casa sin tu familia por largos periodos de tiempo solo porque tienes un sueño financiero, nunca cometas ese error, al menos que tu pareja este de acuerdo o viajen juntos, la familia es siempre lo primero.

5 Tips para recordar de este capítulo

1. *Tu familia es importante no la abandones por tus negocios.*

2. *Trata de llegar a un acuerdo con tu familia antes de iniciar una nueva aventura que ocupe mucho de tu tiempo.*

3. *La edad no es una excusa para no seguir luchando por tus sueños, la mayoría de exitosos lo lograron después de los cuarentas.*

4. *Si no obtienes el apoyo de tu pareja o tu familia, no dejes morir tus sueños esfuérzate por ellos pero con mucha sabiduría.*

5. *El triunfo sabrá más dulce si lo disfrutas al lado de tus seres queridos.*

Capítulo VIII.
Igualdad y progreso
★ ★ ★ ★ ★

Igualdad es progreso

Este capítulo tendrá una connotación diferente para cada persona, dependiendo de la parte del mundo donde resida. Si tú vives en un país desarrollado como Estados Unidos o Europa, tómalo como una lección de aprendizaje de la cultura de los países subdesarrollados, ya que en estos países las mujeres enfrentan una realidad cruel dirigida por un reinado tradicionalmente machista. Si vives en Centroamérica o en el resto de Latinoamérica, incluso el Caribe u otras partes del mundo como en los países musulmanes, tú sabes de lo que te estoy hablando.

En Centroamérica, todavía hay mucho machismo y las mujeres tienen menos posibilidades de progresar o alcanzar el éxito especialmente en el ámbito económico y político. Aquí la mayoría de hombres cuando ven a una mujer valiente, decidida a progresar y luchar por sus sueños, creen que es lesbiana o feminista. Por lo general, el hombre tiene temor de las mujeres con carácter y teme competir con ellas porque cree que se verá poco hombre si es superado y esto le genera inseguridad.- Aunque realmente ellos no tienen la culpa de estos prejuicios, así es como fueron criados y educados desde su infancia en sus hogares. Además, tienen que soportar la crítica o la burla de sus amigos si su mujer es más sobresaliente que ellos.

La misma sociedad los hace sentirse cobardes, para ellos es un verdadero reto ver una mujer valiente e inteligente que gane más dinero que ellos o que tenga más poder que ellos.

Ganarse el respeto de los hombres en estos países no es tarea fácil. Lastimosamente hay muchas mujeres que aprueban el comportamiento de los hombres machistas. En el área laboral, las mujeres sufren una clara discriminación tanto en la empresa privada como en la gubernamental. La mujer y el hombre no son tratados con la igualdad que deberían. Por el simple hecho de ser mujer, sin importar la capacidad que ella tenga, no son recompensados financieramente con equidad por su trabajo.

Por eso, en nuestros países es mucho más difícil ver a una mujer alcanzar el éxito, por el simple hecho de ser mujer deberá de esforzarse más que los hombres para poder lograr sus objetivos. Es importante entender que esforzarte más que los demás no es fácil, por lo que debemos conocer completamente el significado de la palabra "Esfuerzo", de acuerdo con el diccionario de la real academia española, significa, el empleo enérgico de la fuerza física o mental con un fin determinado.

Cuando las mujeres comprenden que solo esforzándose más que los hombres podrán conseguir lo que quieren, es cuando comienza a tener sentido su carrera cuesta arriba.

¿Quién te dijo que no se puede? *Por Eva Fernández*

Las mujeres que decidan ir contra la cultura y los valores establecidos por los machos, deben de ser muy valientes o pronto se darán por vencido. La mujer a pesar de ser la madre de los hombres y probado ser más rápidas, más audaces, con el don de poder hacer más de una cosa a la vez, con la facilidad de expresión entre otras virtudes, aquí en estos países sin importar que tan brillante sea, siempre la tendrá más difíciles que ellos.

Si eres mujer y vives en un país de estos deberás sentirte orgullosa de no querer ser una más del montón y debes aprovechar todas tus virtudes para salir adelante, tienes que estar orgullosa de de ser mujer, toma ventaja de las fortalezas con que contamos, insiste, persiste y resiste hasta que logres alcanzar tus metas, pero nunca dejes de luchar por la igualdad de género.

Es cierto que la naturaleza creó a la mujer físicamente más débil que el hombre pero la realidad es diferente en otras áreas, donde el hombre se ve superado frecuentemente, como la astucia, la rapidez, así que no permitas que alguien te haga sentir menos que nadie, enfócate en tus fortalezas, aquellas que heredamos como regalo divino y nunca te des por vencido.

¿Quién te dijo que no se puede? *Por Eva Fernández*

Mujeres, recordemos que la unión hace la fuerza y si ves a una mujer tratando de salir adelante apóyala, dale la mano, asesórala, acompáñala, vela por ella si tu situación te lo permite. Es importante que nosotras las mujeres seamos decididas y tengamos claro que hay una lucha que ganar no es en contra del hombre, es a favor de la igualdad. Los caballeros deben de respetarnos y darnos nuestro lugar en la casa, en las empresas, en la sociedad y en la historia.

En la actualidad, ya en el siglo 21, el hombre debe de abrir la mente y entender que los países desarrollados han logrado ese nivel de vida, dándole oportunidades con equidad a la mujer. Hemos visto más de una mujer hacer grandes obras en la política, como en la empresa privada. Una de las mujeres más famosa a nivel mundial en la política es el caso de Eva Perón, una de las lideresas que admiro, ella fue cofundadora del partido peronista en Argentina, Eva logró organizar e integrar la participación política de la mujer en el Partido Peronista. Aunque Eva no llegó a ser presidenta de Argentina su valentía y entrega a la causa a favor de la mujer y la sociedad en general la llevó a ser más querida que el propio presidente, su esposo el Sr. Perón. Su valentía y energético trabajo en la política de Argentina la llevó a influenciar muchas mujeres a participar en la política a nivel mundial.

¿Quién te dijo que no se puede? *Por Eva Fernández*

También, Margaret Thatcher, fue la primera ministra de Gran Bretaña por varios períodos. Ella introdujo importantes políticas para el desarrollo económico del Reino Unido y marcó una nueva época en toda Europa y el mundo global. También tenemos artistas y empresarias como Jennifer López que viene de una cuna humilde y ha logrado escalar las más altas esferas del mundo del espectáculo.

Es cierto que a Jennifer López la han criticado por su vida personal pero la verdad es que, ni con Mark Anthony, ni con Puff Daddy, que son hombres éxitosos, se quedó a su lado por dinero, porque ella es una mujer exitosa y capaz que sabe lo que quiere y como logrará sus metas. Ella ha demostrado siempre que no necesita la luz o sombra de un hombre para brillar o fracasar en sus empresas o en su carrera artística y que no le interesa lo que piensa la gente.

Las mujeres de mi país natal Honduras y de otros países que nos llaman del tercer mundo, también podemos lograr lo que queremos, pero debemos prepararnos, capacitarnos a diario. Hoy en día es fácil que consigas formación técnica en el internet, allí encontramos toda clase de enseñanza principiante, intermedia o avanzada en el tema que tú quieras aprender, solo escribe en Google el tema que buscas y encontrarás la información al instante.

Esto no era posible unos años atrás, así que no tenemos excusas para seguir sentadas esperando que un hombre nos traiga la comida a la casa. Eso se les perdonaba a nuestras madres o abuelas, pues hace unas décadas a la mujer no se les permitía ni estudiar, ni ser parte de los engranajes económicos y políticos de la sociedad. Todo ha cambiado, hemos avanzado en la igualdad de género, así que no podemos dejar que un hombre pisotee nuestra dignidad e inteligencia porque nosotras no pongamos de nuestra parte para salir adelante.

La desigualdad de género no es un fenómeno exclusivo de los países subdesarrollados, es una realidad que existe en muchos países del mundo, es el deber de toda la sociedad el seguir luchando para superar este flagelo. Debe de ser la responsabilidad de hombres y mujeres alrededor del mundo de luchar para que la mujer tenga espacios y una distribución equitativa de las oportunidades económicas y políticas.- La ONU tiene un programa de apoyo a la igualdad de género que seguro está ayudando avanzar en este tema, ya hay organizaciones consientes de las necesidad de integrar a las mujeres.- Tenemos que poner un alto al machismo, si escuchas a un hombre hablar con palabras que menosprecie o desprestigie al género femenino defiéndela, piensa que cuando alguien disminuye, insulta o maltrata a una de nosotras te insulta a ti también.

¿Quién te dijo que no se puede? *Por Eva Fernández*

En el futuro una de tus hijas puede enfrentar a un hombre machista que le haga daño.- Este si es un tema controversial, que recuerda el dilema de quien fue primero "El huevo o la gallina", pues un padre jamás aceptaría que le maltraten a una de sus hijas; así que los hombres no deben de maltratar a ninguna mujer. Los hombres son también llamados a velar por la igualdad de la mujer, en sus derechos laborales, derechos humanos, políticos, económicos etc.

A veces nosotras escuchamos o miramos cosas que los hombres dicen en contra de las mujeres en forma discriminada. Es muy frecuente escuchar en las calles, que cuando un hombre ve que alguien realizó una mala maniobra al volante o ve que algún carro va muy lento o comete alguna infracción de tránsito, se llenan la boca diciendo que seguramente la que conduce es una mujer.- Ese es un verdadero ataque sexista y discriminatorio contra el género femenino, ya que también hay hombres que cometen infracciones y manejan lento.- Es nuestra obligación enseñar a nuestros hijos varones a aprender a respetar a sus hermanitas, desde pequeños, nosotras las madres no debemos permitirles que desarrollen esas actitudes machistas en su mentecita, pues aunque parece ridículo gran parte de la culpa del machismo no es del hombre, sino que es de nosotras mismas ya que de una u otra fomentamos esas actitudes discriminatorias en nuestros hijos.

¿Quién te dijo que no se puede? *Por Eva Fernández*

Nosotras somos la primera fuente de educación para nuestros hijos desde chiquitos y somos las responsables de enseñarles a tratar a las niñas con igualdad y respeto; pero muchas veces les damos más privilegios a los varoncitos, así es como esas a criaturas inocentes que hoy están aprendiendo lo bueno y lo malo que hay a su alrededor, nosotras les permitimos que se crean mejores que las hembras. De nosotras depende que estos niños se conviertan en los hombres machistas y déspotas en el futuro porque no les enseñamos a hacer lo correcto cuando pequeños.

Por eso es importante entender que ambos somos responsables del tema del machismo, los padres deben ayudar a que los niños crezcan con los valores correctos, entendiendo que las niñas son igual a ellos y que ambos tienen los mismos derechos. Eso nos evitará tantos malos ratos para las mujeres en el futuro. Evitemos dar ningún trato especial a los varones, debemos enseñarles que ambos tienen los mismos derechos, en los quehaceres de la casa y las obligaciones, como en las diversiones.- En la casa hay que enseñar a los varones a lavar los platos, ordenar su ropa, ayudar en la cocina etc. Además no discriminemos a las niñas al comprarle la ropa, los colores, que quiera usar o cuando le compramos sus juguetes. Ah y qué tal cuando es hora de dormir o de ir a la calle, nosotras las mamas, muchas veces decimos: "él si puede salir porque es hombre", eso es incorrecto debemos de tratar a ambos sexos con igualdad.

¿Quién te dijo que no se puede? Por Eva Fernández

Los roles que les enseñemos a nuestros hijos e hijas en la casa y el respeto que ellos aprendan será lo que más tarde practicarán en su rol social en la calle. Siempre recordemos que esos pequeñitos que hoy estamos educando, pueden tener una vida mejor y tratar con más dignidad e igualdad a la mujer, pues lo que aprendan hoy será lo que ellos practiquen en el futuro, en los diferentes ámbitos de la sociedad.- *En el hogar,* por ejemplo, el hombre que tiene una esposa que trabaja tiene la misma obligación que la mujer de ayudar con los niños y con los quehaceres de la casa. Aunque hay que destacar un hecho muy real, en la mayor parte de los países donde hay mucho emigrante, ellos se cambian de país pero traen la cultura de su país de origen en la mente. Al llegar de trabajar buscan el control del televisor y el sillón más cómodo de la casa para esperar que su mujer le lleve su comida caliente. ¡Vaya que interesante! Mientras que la esposa que también trabajó todo el día, al llegar a la casa debe hacer la limpieza, la comida y mirar los muchachos. Seguramente en la cama el esposo todavía demande por una esposa ardiente y con energías.- Si aceptamos esas situaciones nosotras tenemos la culpa, no solo es erróneo que la mujer sea la burra de carga de la casa, sino también que nuestros hijos crean que eso es normal ya que estamos una vez más nosotras dándoles una enseñanza de desigualdad que acarreará como consecuencia otra generación de potenciales machistas.

Si tú vives en un país de estos o eres inmigrante en un país desarrollado y tienes uno de estos galanes desconsiderados que creen que porque ya te ayudaron con dinero a la casa cumplieron con su compromiso de ayudarte, piénsalo, no le permitas más esa errónea actitud. La mujer no es la sirvienta de la casa, ambos tienen que ayudar, pero esto pasará solo si tú no entiendes que ambos son iguales. Habla con tu compañero y explícale como si comparten las responsabilidades caseras, será una buena enseñanza de amor y entendimiento para los chicos, además tú terminarás menos cansada y más rápido tus quehaceres para poder compartir más tiempo con él.

En la sociedad, si ves algún acto de injusticia contra una mujer en tu trabajo, en la calle o en cualquier parte de nuestra sociedad, conviértete en una vocera a favor de la mujer, no te quedes callada protégela. La violencia doméstica debe ser erradicada de todas las esferas sociales; todos sabemos que las mujeres somos más débiles físicamente pero más dulces, mas pacíficas y menos violentas que los hombres, además el ser madres nos vuelve más comprensivas.- Por esta razón la mujer no debería de ser víctima de muertes violentas, porque la mujer participa menos en actividades delictivas, aunque la realidad es todo lo contrario, miles de mujeres en el mundo mueren por violencia doméstica o agresiones de género todo los días.

En muchas ocasiones las féminas que perecen a manos de un hombre fue porque ellas nunca reclamaron sus derechos y se dejaron tratar inferior, ellas no se dieron su lugar y permitieron que él o ellos las abusaran.

Hace unos meses vi en la televisión un caso de violencia doméstica que sucedió en la Ciudad donde vivo, Choluteca, Honduras. Una joven fue atacada por su novio. Según la nota informativa, el novio la había golpeado varias veces y ella no lo quiso denunciar; un día la atacó con un cuchillo y le dejó desfigurado el rostro a puñaladas. Incluso le hizo varias cortadas en las manos cuando ella intentó defenderse. Después la victima dijo que se arrepentía no haber denunciado antes sus constantes abusos, porque ahora ya era demasiado tarde, su rostro quedo desfigurado, me dio pesar pues era una mujer bonita y joven.

El hombre que padece de esta enfermedad del machismo casi siempre termina abusando de la mujer pues la ve de menos, cree que él es mejor que ella. Nunca, pero nunca, permitas que un hombre te levante la voz cuando inicies una relación, jamás permitas que te levante la mano, el hombre que lo hace una vez lo hará siempre y se volverá una costumbre golpearte cuando se le dé la gana, lastimosamente una vez el hombre cree que puede abusarte y tu no reclamaste tus derechos el abuso solo tiende a incrementar y terminar en tragedias.

¿Quién te dijo que no se puede? *Por Eva Fernández*

Recuerda que si tú lo toleras una sola vez, lo hará siempre y terminaras siendo una víctima más de violencia doméstica. Siempre recuerda que las mujeres tenemos los mismos derechos que los hombres y en estos países que todavía existe el machismo solo se podrá mejorar si nos levantamos en una sola voz, como los mosqueteros: Una para todas y todas para una.

En la política, la mayoría de los partidos políticos usan a las mujeres como relleno para que participen en las contiendas electorales y se llenan la boca diciendo que sus partidos dan las mismas oportunidades a las mujeres que a los hombres. Esto es falso, aun cuando permiten que la mujer compita para puestos importantes de elección popular en la primera ronda. Ya en las contiendas generales la mujer siempre queda afuera; normalmente solo las usan para atraer al voto femenino que saben que casi siempre es la mayoría. Los candidatos presidenciales saben que la mayoría de los votantes son mujeres, así que se ven bien en las fotos, rodeados de muchos jóvenes y mujeres en sus campañas.

Esto cambia totalmente cuando llegan al poder, ya en la presidencia lo ves rodeados solo de hombres, los puestos de dirección, donde se toman las decisiones importantes en estos países, por lo general están ocupados por hombres, con algunas raras excepciones. En los últimos gobiernos en mi país he visto mas machismo que nunca, hemos tenido presidentes jóvenes pero con menos de un 20% de mujeres en los puestos ejecutivos. Las mujeres por lo general ocupan puestos de menor importancia, como secretarias, asistentes, vice ministras, puestos prácticamente irrelevantes.- La discriminación para las mujeres en la política es muy notable. La ONU está haciendo un gran trabajo a nivel mundial para ayudar a la capacitación de más mujeres y la integración de las mismas en política, la verdad es que los avances son muy lentos, porque somos nosotras las mujeres las que debemos involucrarnos más en la política y exigir nuestros derechos.

Ya es tiempo que las mujeres apoyemos a las candidatas de nuestro género para que lleguen a puestos de mando, como alcaldesas, congresistas, legisladoras, como le llamen en tu país, ministras y por supuestos por que no, presidentas. Recuerdo con tristeza las palabras de un candidato presidencial de mi país cuando yo participe en las elecciones primarias presidenciales del 2012. Él y yo veníamos conversando, mientras salíamos de un foro en la televisión de mi ciudad, acerca de los temas que habíamos tratado en el programa entonces me dijo_ "Eva, no pierdas tu tiempo y tu dinero, aquí en Honduras una mujer no llegará a ser presidenta, por lo menos en la actualidad, quizá en unas dos décadas las cosas cambien, pero en este momento las mujeres no se apoyan entre sí pues son envidiosas", comentó con un tono sarcástico y burlón.

¿Quién te dijo que no se puede?   *Por Eva Fernández*

"Me dijo, la mujer es mas machista que el hombre aquí en Honduras, ni ellas mismas están preparadas para dejar que una mujer acceda a la primera magistratura del país, mucho menos los hombres", insistió nuevamente, enfatizando su sarcasmo. Ese día estuve muy triste en mi casa hasta pensé en renunciar a mis aspiraciones presidenciales pero después pensé ¿Porqué debo de hacerlo si yo siempre fui perseverante y esta es la segunda vez que lo intento y no debo acobardarme ahora? Así que seguí adelante así lo hice y así lo hare se que un día lo lograre pero si no pasara, jamás me sentiré derrotada porque estoy segura que mi perseverancia influirá a muchas mujeres para que no depongan sus aspiraciones políticas y un día una de nosotras lo logrará. El elegir mujeres a cargos de elección popular nos abrirá puertas para que otras sigamos avanzando en la igualdad de género. Es interesante ver como Nicaragua que es un país vecino tuvo la primer mujer presidenta de Centroamérica y hoy es el país que encabeza el mundo en la participación femenina en cargos de relevancia en el gobierno con más del 50% de participación de la mujer en el ejecutivo. Honduras por su parte solo cuenta con una participación de un 17% de la mujer en el 2014 de acuerdo a la ONU. Es urgente que implementemos leyes que amparen y protejan a las mujeres en el desarrollo económico y político, pero estoy segura que no será un hombre que vendrá a implementarlas.

En estos países machistas hay hombres que se creen muy machos, hace unos días conversé con un amigo mientras veníamos juntos de la capital y me conto que tenía 9 hijos con 9 mujeres diferentes. ¡Wow! nunca había compartido con alguien así, pero en estos países es muy normal que el hombre tenga dos o tres mujeres a la vez y las esposas no digan nada porque ya con hijos y divorciadas tienen temor de no poder salir adelante o encontrar otro hombre que las aprecie, y como la mayoría no trabajan, optan por tolerar el descaro de sus esposos.

Ojo, en el caso de los hombres, los demás hombres no critican su conducta, a veces ni las mismas mujeres, pues lo ven casi normal. Pero si es la mujer la que tiene dos o tres novios inmediatamente la señalan que es una prostituta buena para nada, pues así lo dicta la sociedad. La situación económica, los salarios y recompensa por el trabajo de la mujer en estos países no es equitativa, la mujer trabaja más por menos dinero y se quedan calladas, por miedo a perder sus trabajos.

Si eso es el caso en tu país denúncialo no te quedes callada, aun cuando pierdas el trabajo, pues al hacerlo enseñarías a otras mujeres a que sean valientes y que peleen por sus derechos.

Son muchas las situaciones discriminatorias que las mujeres enfrentan en nuestros países. Por ejemplo, cuando la mujer ha pasado de los cuarenta e incluso, treinta años y le empiezan a negar el derecho a un trabajo digno. Otra situación que se da es cuando el hombre chantajea a la mujer con favorcitos sexuales si quiere un buen trabajo, una buena posición o simplemente conservar el trabajo que con tanto sacrificio le ha costado obtener.

Cuando escuches a una mujer que tiene esta clase de situaciones no te quedes callada, atrévete a denunciar, ayúdala para que reduzcamos la discriminación en contra de nuestro genero. Mis queridas amigas y amigos ayude a luchar por la igualdad de género, es una responsabilidad global de ambos géneros, ya que solo con la integración real de la mujer en el ámbito económico, social y político tendremos un verdadero progreso global.

5 Tips para recordar de este capítulo

1- Las mujeres debemos de apoyar siempre a las de nuestro género que quieren salir adelante.

2- Nunca permitas que un hombre te levante la voz o te menosprecie.

3- El hombre tiene la misma obligación que la mujer en las responsabilidades caceras.

4- Ambos padres son responsables de erradicar el machismo desde el hogar, enseñando a nuestros hijos e hijas que ambos son iguales y tienen los mismos derechos.

5- Unámonos al esfuerzo de la ONU para visibilizar a la mujer. Exijamos nuestra participación justa en la política.

Capítulo IX.

Inicia una empresa tradicional sin capital

¿Quién te dijo que no se puede?   *Por Eva Fernández*

Como hacerte empresario sin capital

Más del 95% de la población mundial trabaja para alguien o están desempleados, solo menos de un 5% son los que buscan colocarse en el club de los exitosos, así que sin duda es un verdadero reto pertenecer a este exclusivo club pero *¿Quién te dijo que no se puede?*

En el libro "El cuadrante del dinero" de Robert Kiyosaki, él presenta un círculo para ilustrarte una idea clara de en dónde nos encontramos financieramente en la actualidad y a dónde llegaremos en el futuro según lo que hacemos. En el lado izquierdo del círculo están representados los empleados (E) y el auto empleados(A). En el costado derecho se encuentran los dueños de negocios (D) y los inversionistas (I). Ahora la pregunta es en qué lado del cuadrante de dinero quieres estar tú en el futuro.

Los empleados explica Kiyosaki, son los que intercambian su tiempo por dinero, vendiendo su fuerza de trabajo al mejor postor...

Los auto-empleados, son los dueños de una pequeña empresa pero que al mismo tiempo son esclavos de la misma, pues tienen que trabajar más de lo que trabajan los que son empleados. Además no se dan vacaciones y la mayoría de ellos ni solo sostienen sus pequeñas empresas con los ingresos que reciben de la misma, la mayoría cerrara en unos años y ni siquiera tienen un retiro garantizado.

Los dueños de negocios, son aquellos que poseen un negocio de una franquicia, se sostienen por ellos mismos, aunque ellos no estén presentes en los negocios estos siguen funcionando y generando ganancia, lo malo es que para abrir una de estas empresas o franquicias se requiere mucho capital.- El Inversionista, es aquel que pone su dinero a trabajar para él, obteniendo grandes ganancias e intereses por su capital invertido. Este es el mejor lugar donde todos deberíamos de querer estar en el futuro.

Mientras escribí todos los capítulos de Quien te dijo que no se puede? mi objetivo primordial ha sido mostrarte que si tu cambias algunos malos hábitos, practicas buenos hábitos y te esfuerzas más que los demás, puedes pasar del cuadrante izquierdo al cuadrante derecho, pero la verdad es que no es fácil por eso me emociono escribir este capítulo pues aquí te daré ideas para abrir una pequeña empresa que aunque no sea el mejor lugar del cuadrante del dinero es mejor que ser empleado.

En este libro también te estaré hablando del negocio del siglo 21 el que está haciendo más millonarios en el mundo con una pequeña inversión algo así como franquicias a bajo costo.

No quiero que te afanes con este capítulo, no estoy diciendo que mañana debes moverte del cuadrante izquierdo del dinero para que puedas tener una vida digna si tienes un trabajo que te gusta, tampoco sugiero que lo dejes, lo único que haremos es buscar ideas para un trabajo a medio tiempo que te dé el dinero extra para hacer capital y luego puedas invertir y así tu dinero trabaje para ti ya en tu vejez. Es importante iniciar tu propio negocio aunque sea pequeño, y no precisamente hablo de ir a abrir un local con muchos empleados y muchos gastos.

Lo primero es identificar que vocación tienes y ¿Cuáles son las cosas que te gusta hacer cuando tienes tiempo libre, cuáles son tus pasatiempos? Hablo de algo sencillo que te de dinero extra y la posibilidad de un día despedir a tu jefe. Debes de estar claro que te gustaría hacer, será erróneo empezar un negocio en algo que te frustre pues te hará más infeliz que trabajar como empleado de otra persona. Por ejemplo si odias servir a los demás o la cocina, abrir un restaurante solo te sería una pésima idea, porque te sentirías frustrado aun cuando fuera tu propio negocio.

Está comprobado que uno tiene más probabilidades de alcanzar el éxito haciendo lo que le gusta hacer, pues te mantendrás lleno de energía y con una buena actitud. Piensa para que eres bueno, para hablar, para construir, para trabajar físicamente, estar en la computadora, hablas inglés, hablas español, tocas la guitarra, etc. Piensa en lo que la gente dice que haces bien o que tienes talento. Por ejemplo siempre te halagaron que eras bueno para decorar y tú te divertías mientras decorabas; esa puede ser una señal que un negocio de decoración te vendría como anillo al dedo.

Si deseas iniciar una nueva etapa de tu vida como un pequeño empresario es elemental que definamos qué es lo que te gusta hacer, luego daremos el primer paso y te pondrás una meta a lograr. La meta debes escribirla a corto, mediano y largo plazo. No olvides que es importante tenerla por escrito, el plan de acción, con fecha de su alcance. Compartiré contigo algunas ideas de negocios que me han funcionado a mi, tal vez pueden ayudarte.- En mi caso siempre he tenido el don de que la gente confía en mí, y me han dado la reputación que soy muy seria y responsable, eso me ha ayudado para obtener acuerdos de negocios con los demás, aun sin dinero. Es bien importante que seas responsable para que los demás confíen en ti, si no lo has sido, tendrás que serlo de hoy en adelante porque a la gente le gusta tratar con las personas que les inspiren confianza.

¿Quién te dijo que no se puede? *Por Eva Fernández*

No siempre es necesario tener dinero para iniciar un negocio, con tener una buena reputación y un buen crédito puede ser suficiente, o por lo menos puede ser tan bueno como tener efectivo en tus manos.

Cuando yo abrí mi primer negocio fue en la ciudad de Nueva York, tenía 25 años y compre un Restaurante, no creas que contaba con $50,000 dólares para adquirirlo, pues es lo mínimo que necesitaba en ese entonces para abrir un pequeño restaurante. El lugar que compre estaba cerrado en la quiebra, pues nadie lo había podido hacer crecer, entonces mi amigo que lo estaba alquilando o vendiendo era un corredor de bienes y raíces y me conocía.- Un día yo pasé saludando por su oficina y él me dijo sabes tengo un restaurante de alquiler por $1,200 dólares mensuales y a la venta por $38,000. "Creo que tú harías triunfar este lugar, pues eres muy dinámica", comentó con mucho entusiasmo, mientras me veía fijamente a los ojos.- A mí me pareció un negocio muy interesante y lo consideré en ese momento como la oportunidad de mi vida, no pude dormir esa noche y al siguiente día me hicieron la cita con el dueño del restaurante. Le hice la siguiente propuesta, le rento el local con opción a compra, pero deme un año para pagarle, arreglaré el restaurante tendré clientela y si no se lo compro pierdo lo que invierto para arreglarlo, él aceptó.

¿Quién te dijo que no se puede?   *Por Eva Fernández*

Finalmente lo alquilé por $1,500 dólares con la propuesta de comprarle por $38,000 y trescientos dólares mensuales se abonarían a la compra.

El restaurante ya estaba amueblado, solo que estaba muy descuidado y mal pintado pero yo me lo imaginé bonito y pronto lo convertí en un lugar armónico, cómodo, típico y con comida de mi país Honduras, se llamaba "La Hacienda". Ese fue mi primer gran negocio, trabajé duro día y noche por varios meses y el restaurante llegó a tener una clientela impresionante en menos de 6 meses. Recuerdo como hoy que un día vino un amigo que trabajaba en la industria de bienes raíces, eso fue en el 1995.

Al llegar a mi restaurante me dijo *"Me han hablado mucho de ti, dicen que eres muy lista para los negocios además tienes muy buena presencia, pero este negocio no va contigo, debes de buscar algo que te dé más dinero pero también más libertad de tiempo. Me sugirió, qué me involucrara en las bienes raíces".* Para mí en ese momento él estaba hablando en chino, no sabía cómo vender casas en Nueva York, aunque seguidamente él me sugirió como aprender. "Ve a la escuela y sacas la licencia de bienes raíces para que puedas vender propiedades, me dijo. Con tu inteligencia, energía y buena presencia harás mucho dinero. Además cualquier cosa yo te hecho la mano", recalco de forma convincente.

¡Wow! No sabía nada de bienes raíces pero cuando escuché que podía ayudar a los emigrantes adquirir su propia casa y además podía ganar hasta el 6% del precio de venta, me pareció interesante, pues siempre me gustaron las ventas y claro pensé que habría más ganancia al vender casas, que al vender comida, de inmediato dije a todo el que llegaba al restaurante que lo tenía a la venta porque yo estudiaría bienes raíces, en menos de dos meses encontré un cliente.- Un día llegó alguien a comer y me preguntó si sabían si vendían el restaurante, yo le dije si, y el dijo *" En serio vendes el Restaurante ",* me preguntó y al responderle afirmativamente pregunto cuanto, le dije 150,000 Dólares, el me ofreció 100,000 Dólares en efectivo. Por su puesto, yo no lo podía creer pero así fue que en 3 días estaba traspasando el restaurante del dueño original, a nombre del nuevo propietario, pues el restaurante ni siquiera llegó a estar a mi nombre, ya que nunca realicé la compra.- Pagué los $38,000 que costaba, y yo seguro había invertido unos diez mil en arreglos generales, pero había hecho unos $5,000 semanales, así que hice dinero y gané $50,000 en menos de un año.- No estuvo mal para ser una principiante de 25 años ¿verdad? ¿Por qué te doy el ejemplo de este negocio? porque si tú abres tus ojos y miras a tu alrededor encontrarás negocios cerrados en cada pueblo porque hay gente que no tiene talento ni conocimiento de un específico negocio, abren y pronto cierran como paso con el ex dueño del restaurante que yo adquirí.

Ellos abren un negocio solo porque vieron que a alguien le iba bien o porque escucharon que había mucho dinero en ese tipo de negocio, pero tal vez no es lo que les gusta hacer o no tienen experiencia en el área; además no buscan asesoría de un experto, así que seguro les irá mal y terminan cerrándolo. Si tú no tienes pasión por lo que haces tienes muchas posibilidades de fracasar. Busca una de esas oportunidades de negocios pero trata de encontrar algo que te guste hacer. No tengas temor de soñar en ser dueño de tu propio negocio, aun cuando no tengas un dólar en el bolsillo. Recuerda que yo no tenía dinero cuando hice el trato del restaurante.

Sabes para el dueño de un negocio que ha decidido cerrarlo es mejor dártelo a ti y tener esperanzas de recuperar algo de sus inversión aunque sea dándote crédito. Si tú dibujas en tu mente que estás listo para hacer algo extra y lo crees de verdad, las oportunidades aparecerán tarde o temprano, pero debes de tener fe y ser perseverante, creativo y estar convencido que quieres una oportunidad. Si tú realmente la deseas, la gente empieza a aparecer y las oportunidades también.- Hace unos días cuando visite Nueva York estuve compartiendo con una buena amiga que tenía varios salones de belleza y me dijo estoy aburrida de tener estos negocios y estar esclavizada con tantos pagos mensuales, rentas empleados etc.

Ella no es cosmetóloga pero es muy hábil para los negocios, así que ella contrataba personal para que dirigiera los salones y ella solo los supervisaba. Pero llegó un día en que se cansó de tanta presión y a pesar que estos lugares le generaban ingresos, ella ya se había fastidiado y quería hacer algo más suave, más tranquilo, con menos responsabilidades.

Yo de una vez le dije ciérralos, para ti que ya tienes experiencia en ventas, sabes de administración, sabes cómo tratar a las personas, pienso que te funcionará mejor una red de mercadeo donde no tendrás gastos fijos, ella estuvo de acuerdo y se deshizo de todos los salones de belleza y se inscribió conmigo en una red de mercadeo. Ahora hace mucho más dinero que antes y tiene mucho más tiempo libre para su hijo; obviamente, ella es mucho más feliz, con su nueva ocupación. Al querer vender estos negocios generó nuevas oportunidades a los que estaban interesados en salones de belleza, especialmente porque ella estaba dispuesta a darlos bajo cualquier propuesta, pues simplemente quería deshacerse de ellos. Uno de esos negocios se lo dio a una de las cosmetólogas que trabaja con ella, con un contrato muy similar al de mi restaurante, pagándole el arrendamiento y una cuota de unos cuantos dólares semanales por varios años. Como puedes ver las oportunidades de negocios están allí todos los días pero debes de buscarlas.

Te contaré otro ejemplo que te puede abrir los ojos, ya sea en tu país, en Estados Unidos o donde te encuentres. Inmediatamente después que vendí el restaurante, me fui a la escuela y saqué la licencia de bienes raíces, me legalicé para trabajar como vendedora de la empresa de mayor prestigio en bienes raíces en ese momento en Nueva York, eran los número uno en todo Estados Unidos, la empresa *Century 21*. Los visité y solicité una cita con el jefe de mi pueblo, quien estuvo contento cuando obtuve la licencia de bienes raíces de darme la oportunidad de trabajar con ellos como agente independiente de bienes raíces. Esto sucedió en el 1996 cuando el negocio de bienes raíces estaba en su mejor momento en Estados Unidos.

Rápido hice mi primer negocio, en la empresa había una casa a la venta por 70,000 Dólares, de dos plantas y se necesitaba hacerle arreglos, la casa la podía adquirir con 5,000 Dólares, este especial era solo para los que trabajábamos en la empresa.

Estas eran las casas que compraba el dueño de Century 21, quizás de remate y al revenderlas les ganaba un buen dinero; entonces yo hice lo mismo.- Después de hacer números vi que sería un gran negocio así que decidí comprarla.- No obstante, tenía un pequeño inconveniente, la casa necesitaba remodelarla y yo no sabía de construcción, además estaba descapitalizada, pues mi dinero que obtuve del restaurante ya lo había invertido comprando una casa en mi país, y ya había dado la prima para comprar unas casas en NY, lo peor es que tampoco tenía crédito.

Entonces busqué un amigo, quien al momento de leer este libro, seguro se acordará de este gran trato que hicimos. Le propuse que fuéramos socios, yo tenía la oportunidad de comprar la casa con todos los beneficios como trabajadora de la empresa y él pondría el dinero para hacer las reparaciones necesarias, además el trabajaba en construcción. Decidimos comprarla siendo dueños 50 y 50 y ya de acuerdo mi socio y yo pusimos manos a la obra para repararla y rentarla.

En menos de un año la casa valía casi 150,000 Dólares y como era una casa de dos familias, mi socio decidió vivir en una de las plantas y la otra la alquilábamos. Luego de un tiempo el quiso quedarse con la casa, yo estuve de acuerdo así que me dio la mitad de la ganancia que me correspondía, que en ese momento eran como 40,000 Dólares y él se quedó con la propiedad. En los próximos años la casa llegó a valer casi medio millón de dólares así que él también hizo un negocio redondo al convertirse en mi socio y eventualmente en el único dueño de la casa.

¿Ves que fácil es hacer negocios aun sin dinero? Pero debes de tener siempre en tu mente que tú puedes, que eres capaz, no tengas miedo, ni pospongas nada, lo que tienes que hacer ahora, hazlo ya. Te puede ir bien o te puede ir mal, simplemente inténtalo. Mi abuela decía: "En el camino se arregla la carga". Yo no necesité dinero, ni crédito, para adquirir el Restaurante ni esa casa pero si necesité valor y coraje para enfrentar mis temores.

Debes tener una actitud positiva como la tuve yo al buscar a mi amigo de socio para proponerle el negocio. Aunque en ese momento yo era una joven sin experiencia, también era una persona decidida y segura de mi misma, pues todo lo que quería obtener lo adquiría trabajando y perseverando. Así que mi reputación se vio fortalecida; cuando los demás ven que tú estás decidido o decidida a lograr tus sueños te ayudan.

Créeme escribir este libro, se me hizo más difícil que cualquiera de mis proyectos anteriores y te lo digo de corazón, cuando me surgió la idea de escribir este libro, jamás calculé cuánto dinero puede quedarme de ganancia, lo que pensé fue: "Si logro escribir un libro de motivación, podré tener la oportunidad de compartir con miles y quizás millones de personas mis estrategias, mis experiencias en mi vida empresarial y quizá pueda ayudar a alguien a empezar a luchar por sus sueños".

Pues los que me conocen saben que si hay algo que me llena de satisfacción es ver a los demás superarse pues yo se que todos podemos si queremos.- Además, me emociona poder darte ánimos y decirte que sí se puede, que todo está en tu mente, esa es mi motivación principal, poder ayudar a todo aquel que tenga la oportunidad de leer este libro; de esta forma podrá ir dando pasos pequeños o grandes para conquistar sus sueños como yo.

Este libro también podría verlo como un negocio, pero he pasado muchos años para terminarlo que no podía haber dependido de este libro como un proyecto financiero. Me hubiera muerto de hambre, jajajajaja me causa gracia porque me ha costado demasiado finalizarlo, repito, es imposible haberlo visto como un negocio, pero quizás un día te este contando en el próximo libro que escriba que, Quien te dijo que no se puede, también me genero mi primer millón de Dólares como escritora, jajajaaja. Recuerda, es permitido soñar.

Yo tengo fe que por medio de este libro tú también vas a poder crear cualquier negocio y que te ayudará a avanzar económicamente. Los tiempos cambian todos los días, las oportunidades de negocios cambian pero siempre hay mucho por hacer. Por ejemplo, en la actualidad la mayoría de empresarios están en el internet y si no tienen presencia en las redes sociales, quieren tenerla.

¿Quién te dijo que no se puede? *Por Eva Fernández*

Cualquier persona sin conocimiento en computación ni programación puede desarrollar una página web, adquirir el nombre en la web, un ejemplo *www.casaceci.com*, el hosting y un formato prediseñado de una página cibernética solo te cuesta unos 50,00 Dólares al año.

Eso podría ser una forma extra para ganar dinero en tus tardes libres o como un trabajo de medio tiempo, mas si eres joven, aprende a diseñar estas páginas web para pequeñas empresas. Son simples de hacerlas, yo aprendí sola en páginas tutoriales de youtube, se pueden diseñar en dos a tres horas y véndelas a los empresarios, profesionales, políticos, por unos 100 o 200 Dólares. Esto es un pequeño oficio que lo aprendes rápido y es una gran manera de hacer dinero extra, desde tu casa. Si eres madre soltera vas a la universidad o eres retirado, este pequeño oficio podría ser de gran ayuda para ti.- No te quedes esperando que alguien venga y te llame para darte una oportunidad de negocio, ponte los zapatos ve a la calle o búscala en el internet, donde puedes encontrar miles de ideas de negocios pero hacé algo no te quedes de brazos cruzados o atenido a un empleo que no te garantiza un retiro digno. Conocí un par de chicos que me ayudaron como diseñadores gráficos durante mi campaña presidencial, eran muy productivos y profesionales, yo tengo fama de ser exigente y me gustaba su trabajo, le pregunté ¿De qué universidad se graduaron? para mi sorpresa me respondieron "Nunca hemos ido a la universidad y como no teníamos computadora cuando empezamos aprender íbamos a un internet café y pagábamos por hora para poder navegar en la web desde aquí de mi pueblo. Allí en youtube baje clases de diseño y así fue como aprendí", me dijeron mientras miraba hacia el suelo, con una sencillez marcada en su mirada.

Fue Impresionante, esos chicos me demostraron una vez más que el que quiere puede. Si tú quieres salir adelante, puedes hacerlo, pero debes de dar el primer paso. Si tus sueños son grandes no los dejes dormir, empieza hoy mismo a trabajar sobre esa meta. Te daré otro ejemplo de la última empresa que he emprendido, es más, esta es una de mis metas de vida, un proyecto de viviendas que ha sido denominado: "Residencial Cristiana 5 Estrellas" y está localizado Choluteca Honduras.

Adquirí un terreno de casi 30 acres y diseñé un proyecto precioso para construir más de 400 casas residenciales y unos 24 lotes de terreno comerciales, además diseñé una plaza de recreación con piscinas, casa club, etc. Hice exactamente lo que previamente había hecho ya con otros negocios: adquirí el terreno financiado privado y obtuve permiso para sub dividirlo y empezar a vender los solares y construir casas.

Di una cuota inicial, e invertí más capital en licencias, estudios, proyectar la colonia, algunas inversiones de urbanización como energía, agua potable y luego conseguí un socio, así que con el dinero que él dio por ser socio de la empresa lo utilicé para urbanizar una primer etapa del proyecto y construir una casa modelo, hemos urbanizado un 30%.- Así que ya instalamos energía eléctrica, agua potable y las aguas negras. El proyecto es para generar mucha ganancia y lo mejor es que no he adquirido préstamos bancarios pues aquí en Honduras los intereses son bien altos, además la economía no estaba muy bien y el pago sería demasiado alto, los bancos no son accesibles. He ido más despacio de lo que quisiera pero en general vamos muy bien. La verdad Dios siempre me ha bendecido y los que me dieron la oportunidad de adquirir el terreno me lo dieron con muy bajos intereses a largo plazo.

Ahora ya contamos con los bancos que están dispuestos a financiar el dinero a nuestros clientes, así pueden construir las casas y pagar las parcelas de terrenos a nosotros. *Ojo,* te he contado de algunos de mis negocios no para impresionarte, sino para darte ideas de lo fácil que puede ser adquirir o empezar un negocio sin dinero. Créeme he hecho varios negocios con dinero y sin dinero pero estos que he compartido contigo me parecen buenísimos para principiantes.

Espero no busque excusas para poner en tela de juicio la viabilidad de llevar a cabo estos proyectos; aunque sé que algunos de ustedes están pensando en este momento: "Pero yo no puedo hacer ninguna de esas cosas que Eva mencionó, pues tal vez me conocen como un simple trabajador y no cualquiera confiará en mi palabra, ni creo que me den algún crédito". No te desanimes, en el próximo capítulo compartiré contigo el mejor negocio del siglo 21 y que lo puedes iniciar con unos cuantos dólares, sin excusa que valga, pues hasta el más inexperto puede aprender a hacerlo y cambiar su vida financiera de 3 a 5 años pasando al cuadrante derecho.

No te olvides, todos somos capaces de hacer lo que queremos, pero debemos creer en nosotros mismos, una vez tenemos fe y actuamos todo llegara a nosotros.

5 Tips para recordar de este capítulo

1- *¿En qué lado del cuadrante quieres estar?*

2- *Se creativo, busca hacer tu propio negocio.*

3- *Abre la mente y tus ojos, que las oportunidades están en todas partes.*

4- *Con o sin dinero, si quieres abrir un negocio puedes hacerlo.*

5- *No te des por vencido, si tú crees en ti, con el tiempo los demás también creerán en ti.*

Capítulo X.

El negocio moderno del siglo 21

El negocio del siglo XXI

Por si alguien todavía lo ignora, un gran porcentaje de los nuevos millonarios de Estados Unidos y del mundo entero, se dedican a la Industria de Redes de Mercadeo o MultyLevel Marketing como se le conoce. Esta noble industria está en moda, no solo en los países ricos; en la actualidad están al alcance de todos. Para los que vivimos en los países subdesarrollados o del tercer mundo (como nos llaman) ya no tenemos excusas pues la mayoría de estas megas empresas están abriendo oficinas, bodegas de distribución, dando oportunidad a representantes en el mundo entero.

Muchas de estas empresas ni siquiera necesitan instalar bodegas, pues sus servicios son cibernéticos y con el internet todo está al alcance de tu mano, con un clic puedes ordenar cualquier artículo o servicio, puedes entrenar a un nuevo representante vía video conferencia, puedes recibir tus pagos de comisión directamente a tu banco en cualquier país del mundo. Muchos que no están muy informados acerca de esta industria todavía le llaman pirámides, algo que es erróneo pues las pirámides son ilegales y estas hacen que una persona suba a la cima y los demás se queden abajo. Ese no es el caso en el MultyLevel Marketing o redes de mercadeo.

En La Industria de red de mercadeo, tú te inscribes en una de estas franquicias e invitas a tus amigos a ser parte de tu empresa pero si uno de ellos trabaja y aprende más rápido que tú, él tiene la oportunidad de crecer más y ganar más dinero que tu. Además llegar a tener una mejor posición, más bonos y regalos por parte de la empresa. Puedo asegurarte que este negocio es mejor que todos los que te mencioné en el capítulo anterior y que yo misma realizo y seguiré haciéndolo a medio tiempo.

Hace 10 años yo jamás hubiera recomendado o hablado bien de este negocio, me sorprende estar ahora tan apasionada de esta industria, de la cual yo era una crítica acérrima, por la forma en que hacían negocios hasta hace unos años. Especialmente durante la alarmante crisis económica surgida en Estados Unidos.

Según el investigador y creador de la teoría evolucionista, Charles Darwin, las especies que sobreviven no son las más grandes, ni las más fuertes, ni siquiera las más inteligentes o las que cambian o mejoran rápido. *NO!! Las especies que sobreviven son las que se adaptan mejor a su nuevo entorno.* Durante la crisis económica de Estados Unidos vimos caer grandes empresas que dominaban el mundo y que hoy ya no existen.

Por ejemplo la empresa de maquinas de escribir REMINGTON, dominaron el mundo durante un siglo pero Remington nunca evolucionó y desapareció.- Recuerdas Blockbuster Video? Era la cadena más grande del mundo de alquiler de películas y tenía más de 9,000 tiendas en todo el mundo, no obstante, debido a su mala planeación estratégica se declaró en quiebra en el 2010. Además, la Aerolínea PANAMERICAN, que fuera la línea aérea internacional más importante de Estados Unidos desde 1930, debido a serias dificultades en el manejo de sus costos y demandas, también se declaró en banca rota 1991.- Cabe mencionar también la General Motors, pues seguramente es la banca rota más grande de la historia, fue una de las marcas más importantes por más de un siglo y una de las más grandes si no la más grande del mundo, pero cometió el error de no ponerle mucha atención a sus clientes, hubo falta de innovación en sus productos y se declaró en banca rota en el 2009.

El no adaptarse al sistema evolutivo que hemos tenido en las últimas décadas, donde a través del internet se controla todo y los grandes, ha llevado a la quiebra a su mayoría de los que fueron imperios comerciales.- Mientras este fenómeno económico golpeaba las grandes empresas y también a los pequeños negocios que dependían de ellas; vimos surgir y crecer una nueva industria que hace un par de décadas ni siquiera la tomábamos en serio: Las Redes de Mercadeo, o Multi-Level Marketing, MLM.

¿Quién te dijo que no se puede? *Por Eva Fernández*

Esta nueva e innovadora forma de hacer negocios y vender productos o servicios de forma directa y con el sistema en red de mercadeo se origina por los años 40's, con la empresa "California Vitaminas" que luego cambia su nombre por "Nutrilite Products". De esta forma se lanza al mercado, pero fue hasta a finales de los años 50's que RichDeVos junto con Jay Van Andel crearon "Amway" que en los 70's fue llevada a corte en Estados Unidos, donde la Federal Trade Comisión fue la encargada de revisar el caso porque se decía que el sistema de pago de comisiones (pirámide) era ilegal.- Grandes en la industria demostraron de manera exitosa su legalidad creando las bases que legislarían este modelo de negocio y a partir de ese momento han surgido cientos de empresas dándole oportunidad a millones de trabajadores en el mundo de convertirse en empresarios independientes y además exitosos.- Según la compañía, Direct Selling Association, en la actualidad se ven cifras a nivel mundial como las siguientes:

1-La industria de mercadeo en red o MLM mueve 120 mil millones de dólares al año.

2-Más de 57 millones de personas en el mundo están inscritos como distribuidores independientes en esta industria.

3-Está presente en más de 200 países.

Uno de mis amigos me invitaba a las reuniones de una red de mercadeo, creada por un brillante hombre que falleció a temprana edad, Mark Huges. Cuando asistí a una de esas reuniones me pareció mentira que uno pudiera ganar todo el dinero que ellos decían, así que no le presté mucha atención a esa presentación.

Estos sistemas de mercadeo eran innovadores, muchos de nosotros los empresarios de la época los criticábamos pues ciertamente no lo entendíamos.- Recuerdo que yo bromeaba con los colegas diciéndoles: "Seamos serios, yo no voy andar vendiendo vitaminas, licuados o pastillas para hacerme millonaria, yo soy una empresaria seria".

Ahora tengo que reconocer que fue un error, pues en la actualidad conozco amigos en esta industria que tienen ingresos hasta de 50,000 dólares al mes; ingresos residuales estables que no hay formas de adquiriros muy fácil en otras clase de empresas. Esa cantidad de dinero es difícil generarla como dueño de tu micro empresa, ni en una profesión, mucho menos con un empleo tradicional.

En las empresas de mercadeo en red no tienes que pagar arrendamiento, ni empleados, pues los distribuidores son todos independientes.

La mayoría de empresas cuentan con productos de calidad que solo se pueden adquirir con los representantes o distribuidores independientes quienes venden dichos productos de boca en boca, ellos reciben altas comisiones en más de una forma de pago. Algunas de estas empresas de MLM, pagan más del 50% de sus ganancias, a sus distribuidores. Estas empresas pueden hacer esto porque se ahorran mucho dinero pues no pagan salarios, rentas, publicidad, impuestos, locales fijos, distribución etc. Además los distribuidores pagan sus propios impuestos de venta por eso estas empresas pueden repartir tanto de sus ganancias a sus distribuidores.

Hace unos meses estuve en Washington, en Nueva York y Los Ángeles y me sorprendió ver como muchos latinos han cerrado sus pequeñas empresas, otro han dejado sus empleos y están trabajando en redes de mercadeo a tiempo completo.

Algunos más acertados que otros porque la identifican una empresa seria, otros buscan la empresa que les de ganancia rápida. Cuando ellos deciden enfocarse en trabajar en una sola, aunque sea difícil pero allí se quedan y perseveran de 3 a 5 años y el triunfo es casi garantizado. En esta clase de industrias tú puedes trabajar 5 años y ganar lo mismo que ganarías en 40 años de trabajo en la industria tradicional.

También vi otros amigos más agresivos y arriesgados en la industria, ellos cambian de una empresa a otra buscando la que esté en el momento, todo con un plan de pagos, creo que ellos lo ven como veíamos nosotros el negocio de la inversión en la bolsa de valores cuando los acciones subían y bajaban a diario, creo que uno de los momentos más agresivos en la bolsa de valores fue en la época que inició la tecnología. Las redes de mercadeo son menos arriesgadas pues la inversión para pertenecer a una de ellas no es mucho, algunos tienen suerte en la aventura de buscar la empresa del momento, otros queman sus cartuchos pues se cambian a tantas de estas empresas en tan corto tiempo, que no logran el éxito en ninguna y sus amigos ya no los siguen, entonces van perdiendo credibilidad y su red de amigos se va desintegrando en la aventura.

Es impresionante el auge con el que está creciendo la industria de mercadeo en red a nivel mundial. Hoy en día ya puedes comprar en Amazon libros sobre Network Marketing escritos por gente exitosa en otras industrias y en la de mercadeo en red, también hay catedráticos universitarios escribiendo libros universitarios sobre esta industria. El exitoso Robert Kiyosaky escribe el libro *"El negocio del siglo XXI",* relacionado con la Red de Mercadeo o Comercialización de niveles múltiples.

¿Hay algo que te gustaría cambiar en tu vida? Te pregunta, al tiempo que muestra la forma como ser emprendedor, especialmente a aquellos individuos que no les gusta recibir órdenes de otras personas y quieren ser sus propios jefes.

Y luego vemos otro libro de mercadeo en red con Robert Kiyosaky y el magnate de bienes-raíces, Donald Trumph. Ellos escriben un libro sobre el negocio del Net Work Marketing: *¿Por qué te recomendamos la Red de Mercadeo?* En este libro, estos personajes advierten que no es fácil laborar en la industria, pero que valdrá la pena pagar el precio por lograr tus sueños que hasta ahora no has logrado concretar en las industrias tradicionales.

Donald Trumph, quien nunca pensé que llegara a escribir este tipo de bibliografías, ha creído siempre en la industria de bienes-raíces, de hecho, es una de los magnates de los bienes-raíces en Estados Unidos, sin embargo en la actualidad es un amante del negocio de la Comercialización en Red (Network Marketing) conocedor de que ésta es la industria que está generando los nuevos millonarios en la actualidad.- En un video publicado en Youtbe, el ex presidente estadounidense, Bill Clinton, expresa como los estadounidenses siguen buscando la forma de concretar sus sueños y que la industria que está fortaleciendo la economía estadounidense, es el Mercadeo a Niveles Múltiples.

Según Clinton, esta nueva forma de hacer negocio ayuda la economía del país. "Se benefician ellos pero también ofrecen una verdadera oportunidad a sus miembros, por eso recomiendo esta nueva industria", afirma el ex mandatario en el video.

De hecho, la Industria de Mercadeo en Red ya es enseñada en algunas escuelas técnicas y universidades de todo el mundo, además tenemos catedráticos como el Dr. Charles King, profesor de la Universidad de Harvard, autor y escritor del famoso y gran Best Seller "The New Profesionals" (Los nuevos profesionales), quien además de ser consultor de la revista Fortune 500, es profesor de Mercadeo en la Universidad de Illinois, Chicago y recientemente.

El Dr. King enseña comercialización en red en los programas de marketing, es un frecuente orador internacional y escritor sobre temas de Mercadeo en Red. En las últimas dos décadas, el Dr. King ha puesto en marcha una amplia investigación acerca de la comercialización en red (Multinivel), ha introducido la Comercialización a Niveles Múltiples como modelo de negocio en el plan de estudios de Marketing tradicional ofrecido en la Universidad de Illinois en Chicago (UIC).

El Dr. King también fue co-fundador del primer curso de Mercadeo en Red ofrecido por una Universidad a nivel mundial, con el libro *"Márketing fundamental"* cuyos autores son profesores Universitarios. Esta industria, sin duda alguna, revolucionará la economía no solo de Estados Unidos, sino a nivel global.

El amigo millonario, del que te he hablado en capítulos anteriores, es también de mi país natal, Honduras y logró hacerse millonario en una empresa de Mercadeo en Red. Sin embargo, en su país no tuvo la oportunidad de estudiar una carrera superior, simplemente realizó unos cuantos años de estudio y según sabemos por sus discursos en público, logró ponerse su primer par de zapatos a la edad de los 12 años, ya que no tenía ninguna preparación académica ni técnicas de negocios.

Cuando estaba muy joven emigró a los Estados Unidos y allí como todos los emigrantes desempeñó todo tipo de trabajo duro para alcanzar el tan codiciado "Sueño Americano", pero unos años después conoció de la industria Mercadeo en Red y del Mercadeo de Niveles Múltiples y se dedicó a aprender, más y más acerca del tema, hasta convertirse en la actualidad en uno de los latinos más exitosos en dicha Industria, pero en un profesional.

Las empresas del nuevo mundo invierten millones de dólares para crear productos de alta calidad y un sistema que funcione para sus propósitos. Ellos te brindan como una membresía a pertenecer a un sistema de franquicias, si tú te inscribes a una de estas empresas con mentalidad abierta y te enfocas en aprender el sistema que ellos te ofrecen, casi todas te garantizan mejorar tu futuro financiero. Yo he estudiado mercadeo en red, unas 15 horas a la semana, en los últimos 5 años, lo que me ha convertido en una experta en detectar sus debilidades y fortalezas de la industria.

Siempre supe que una de las negocios más rentables es invirtiendo en bienes-raíces, compra y venta de terrenos, casas, etc. Eso es lo que me gusta hacer, pero también estoy consciente de que no toda la gente tiene el capital para invertir. Si tú no tienes dinero para invertir en bienes-raíces y no quieres tener dolores de cabeza iniciando un negocio propio que te conllevará a muchos gastos y trabajo, entonces el mercadeo en red, es una gran alternativa para salir del club de los pobres.- También debes de tener cuidado en la industria, ya que no todo es color de rosa, pues con el boom de las redes de mercadeo también han surgido muchas disfrazadas de buena industria con un sistema de ganar dinero rápido pero pronto desaparecen del mercado. Esas si usan un sistema piramidal y son ilegales, la mayoría de estas solo ofrecen juego de dinero.

Hemos visto surgir muchas de ellas que logran llegar a muchos países, te incitan a inscribir mucha gente cobrarles su dinero y luego desaparecen.

Si tú no entiendes la industria y entras a una de esas redes, luego inscribes a tus amigos, puedes quemar tus energías y tus contactos porque cuando se van a la bancarrota, tus amigos que han invertido dinero también lo pierden y seguro muchos de ellos quedaran con temor de iniciar otra aventura en M.L.M. A mí me paso, por eso aprendí la lección, me inscribí en una que parecía buenísima, pero luego que empecé a estudiar más sobre lo que hace ilegal a una empresa de mercadeo en red, me di cuenta que en verdad cobraba demasiado por la membresía y lo que ofrecía a cambio era muy poco por la cantidad que pagábamos, además no teníamos producto físicos solo cibernéticos. Luego le hable a mis amigos y les dije que me retiraría pues me parecía que era ilegal. Unos meses después que nos salimos, la empresa cerró.

Aprendí la lección, hay ciertas características que es importante analizar en las empresas de mercadeo en red antes de inscribirte. Primeramente, que la empresa tenga productos físicos y si es de servicios que ofrezca un servicio real en el internet, por lo cual tú recibirás un verdadero beneficio por lo que pagas.

Debes tener presente que no cueste miles de dólares la inscripción, también debes analizar su plan de compensación, los más comunes son los planes binarios y los uni-nivel. Estos últimos son aquellos que te permiten patrocinar cuantos distribuidores directos quieras y los binarios son los que tu equipo se divide en dos, tu primer inscrito a tu derecha y el otro a tu izquierda, así que todos los que van entrando a tu equipo van a la derecha o a la izquierda de tu organización y casi siempre te pagan un porcentaje o un bono de los puntos del equipo más pequeño.

Aunque en la actualidad hay más planes de pago, estos dos son los más conocidos. Si quieres entrar en una de estas industrias debes aprender un poco más de estos sistemas de pagos, pues uno entra sin experiencia y todo le resulta muy confuso. También debe de buscar una empresa con un buen liderazgo pues como yo digo siempre nadie puede dar lo que no tiene, es cierto que hay muchos nuevos líderes en la industria que te venden emoción y un sueño millonario si te unes a ellos, pero lo mejor es que busques un líder arriba en tu línea ascendente que ya tenga resultados o que sepa lo que está haciendo.

Cuando alguien te hable de esta industria dile que te presente en persona o por video conferencia 2 o 3 lideres arriba de ti que estén dispuestos a enseñarte y que tú puedas corroborar cuánto ganan.

También es importante saber cuánto tiempo de existencia tiene la empresa, si es muy nueva ten cuidado, pero si tiene muchísimo tiempo quizás no es tan agresiva como las mas actualizadas. Corrobora sus ingresos financieros, cuando te sientas cómodo, no tengas miedo a entrar en una Multy Nivel pues la inversión es mínima y la ganancia puede ser muy grande, en algunas de ellas puedes iniciar hasta con cien Dólares.

Yo estoy convencida que si tú realmente quieres salir del club del más del 95% que no son los exitosos y tienes capital disponible para poder abrir tu propia empresa, considera inscribirte en una empresa de red de mercadeo, esta podría ayudarte a adquirir ingresos de tiempo completo trabajando medio tiempo. Al empezar tu negocio de mercadeo en red tú tienes la oportunidad de trabajar medio tiempo los primeros meses y mantener tu trabajo de tiempo completo hasta que hagas suficiente dinero para despedir a tu jefe.

En estas empresas tu entras como un distribuidor independiente y no tienes jefe, ni tienes que pagar renta, ni servicios públicos, ni empleados, normalmente pagas una mensualidad o un mínimo de consumo para mantenerte activo en la empresa y tener tu derecho de tener una oficina virtual, recibir tus pagos en línea, además desde esta oficina, recibes tus reportes y en resumen todo lo que los distribuidores que están en tu red o equipo.- La nobleza de esta industria es que entre más tú ayudas a otros a lograr sus sueños, más oportunidades tienes de alcanzar los tuyos. Es una de las razones por las que amo tanto esta industria, pues a mí siempre me llenó de satisfacción ver a los demás salir adelante y eso es lo que más me gusta de las empresas de mercadeo en red, pues al contrario de bienes raíces allí solo se beneficia el inversionista.

Si tú logras inscribir bajo tu liderazgo unos 5 amigos soñadores como tú y trabajas a su lado con paciencia hasta que aprendan a multiplicarse y a desarrollar liderazgo ya verás que tu futuro financiero mejorará. Recuerda, la base del éxito no es solo que reclutes gente masivamente y los coloques bajo tu equipo, el verdadero éxito es enseñar a otros la industria y ayudarles a desarrollarse y a crecer con firmeza.

Te contare una anécdota verdadera. Cuando mi ex esposo y yo entramos en la primera empresa de mercadeo en red yo estaba muy emocionada, yo lo inscribí a él bajo mi equipo. Solo recluté 5 personas y él era uno de ellos. El se enfocó en reclutar, yo en cambio insistía con mi líder de línea ascendente que me ayudara a desarrollar mis líderes ya que yo no tenía tanta experiencia, creo que mi ex inscribió directamente más de 20 personas en su red, de los cuales ninguno tuvo éxito todos se fueron de la empresa.

¿Quién te dijo que no se puede? *Por Eva Fernández*

De las 5 personas que yo inscribí, nos separamos, una de ellas logro el éxito y llegó al rango de diamante, otro sigue tratando sin parar y no dudo que un día lo logre con el rango de rubí; otro que aunque ya no está, sigue en otra red y a tenido éxito en la industria, mi ex que también sigue luchando por su sueño y mi amiga que sigue conmigo también en otra red

Nosotros llegamos al rango de Esmeralda trabajando la Red desde mi país Honduras, viajábamos a Estados Unidos a ayudar el equipo. *¿Por qué te cuento esto?* porque mi ex y yo somos amigos y él está aprendiendo de los errores que ha cometido en la industria y no queremos que tú los cometas, si decides entrar en este negocio no te enfoques en reclutar muchos líderes para ti solito, enfócate en ayudar a los demás a ver el potencial de la industria, a que no se den por vencido y por supuesto que aprendan, enseñen y se multipliquen.

Esta industria con casi 5 décadas, es ahora un verdadero motor de la economía norteamericana, y cada día más países optan por esta oportunidad de trabajo, que aunque al inicio la mayoría de estas empresas eran productos nutricionales vitamínicas, en la actualidad están en otro tipo de empresa más moderna, como agencias de viajes, de productos en línea, de belleza, hipotecarias, créditos, cremas, cosméticos, fármacos, educación y muchos más.

Lo más importante es que le dediques tiempo para aprender todo al respecto, pues lastimosamente casi el 80% de los que se inscriben en una red de mercadeo fracasan, y terminan hablando mal de la industria, luego vienen los malos comentarios y preguntas como *¿Si es tan buena la industria porque fracasan sus miembros?* Simple: porque no saben lo que están haciendo y no dedican tiempo suficiente para aprender, además quizás no cuentan con el apoyo de un buen líder que esté dispuesto a entrenarlos.- Hace unos años conocí un amigo español, que como yo estaba fascinado en la red de mercadeo a pesar que es sicólogo, pero su tesis de negocios de la universidad de Harvard la hizo basado en la red de mercadeo, me convenció la conclusión de su tesis. Según él, la razón por la que fracasan tantos en el negocio de redes de mercadeo, es por falta de conocimiento en la industria.

"Usualmente ellos entran muy emocionados porque les venden un sueño y quieren hacer dinero rápido y les enseñan a hacer una cacería de reclutamiento de sus amigos cercanos y familiares, por su puesto para ganar dinero, hacer puntos y para avanzar en sus rangos. Ellos no entienden cómo funciona la industria y no tienen el conocimiento para desarrollar líderes, no saben que al tener mucha gente directa les será difícil mantenerlos motivados y si no ven el resultado, ni para ellos ni para el que los inscribió seguro abandonaran la empresa.

Así que si eres nuevo en la industria y reclutas un equipo como tú, sin experiencia en el campo, lo más seguro es que la mayoría de tu equipo se desanime y se desintegre tan rápido como lo formaste y tú te quedas solo soñando en los beneficios que nunca llegaran. Es importante que a la industria de red de mercadeo la veas más como una profesión, la mayoría somos graduados de la calle, quizás nos inscribimos en una empresa de prestigio y al mover un alto volumen mensual los dueños de las redes te consideran como un experto y así te vuelves profesional pero casi ninguno de nosotros va a una escuela o universidad para aprender network marketing.

En el equipo de mercadeo en red que desarrollamos, había miles de personas y yo solo inscribí 5 directos. Entré como entran todos, porque un amigo te inscribe. La persona que me inscribió se dedicaba también a la industria de bienes raíces como yo en los tiempos cuando bienes y raíces en Estado Unidos estaba en bonanza. Este amigo entró a la red de mercadeo con mi otro amigo hondureño el millonario.- Afortunadamente, yo conté con el apoyo de dos buenos auspiciadores para desarrollar mi equipo. Un día le pregunté a uno de ellos si el consideraría abrir un negocio físico otra vez y me dijo "No Evita yo creo que esta es la mejor industria del mundo, pues mientras haces dinero enseñas también a otros a tener libertad financiera y conoces muchos amigos".

Yo también estoy convencida de que es el mejor sistema de negocios que existe, me he dedicado a estudiar la mayoría de redes, sus ventajas, desventajas y diferentes planes de pago, puedo decirte con certeza que ahora entiendo muy bien la industria, sin temor a equivocarme puedo decirte que consideres esta industria para ganar dinero extra, pero recuerda no se trata de emoción, este es un negocio de convicción y debes estar dispuesto a pagar un precio para aprender y tener los resultados financieros que esperas.

Unos amigos con experiencia en la industria de Red de Mercadeo y yo llegamos a la conclusión de que ya que no tenemos desesperación por hacer dinero rápido y que nos dedicaríamos a enseñar a otros la industria de mercadeo y de negocios en internet abriendo una escuela de negocios en línea en español.

En nuestra escuela de mercadeo en red damos clases en vivo en el internet y se llama "Academia 5 Estrellas", este es el enlace: *www.academia5estrellas.com*. Puedes aprender desde tu casa en el internet, impartimos conferencias motivacionales. En esta escuela técnica en línea ofrecemos un diplomado de 50 horas reconocido internacionalmente, tenemos estudiantes de todo el mundo. Si de verdad quieres aprender network marketing, esta es la manera más fácil y económica de aprender, tomas un trimestre de clases con nosotros y aprenderás lo básico para tener éxito en la industria de NWM.- Yo personalmente doy las conferencias motivacionales en vivo y pregrabados. Además contamos con expertos en nuestras tres aéreas de enseñanza, inglés, internet, tecnología y MultyLevel Marketing.

Dios nos dio a todos la capacidad para alcanzar las metas que nos propongamos pero recuerda no sucede de la noche a la mañana y tienes que poner de tu parte para lograrlo. Hoy en día tú puedes hacer dinero desde tu teléfono inteligente o usando tu computadora portátil, no importa en qué parte del mundo estés, yo trabajo 90% de mis negocios desde mi celular y desde mi computadora y con muy pocas citas en persona.

En nuestra academia te enseñaremos como aprovechar las herramientas del internet, para promocionar tu red de mercadeo y puedes tomarlas desde cualquier país del mundo. En otras palabras, no hay excusa para no aprender el negocio del siglo 21.-Toma control de tu futuro financiero si no te sientes listo para inscribirte en una empresa de Network Marketing, da tu primer paso en esta multimillonaria industria, aprendiendo lo básico, 200 Dólares por un trimestre de clases podrían cambiar tu destino financiero.

Contactame en mi FB Eva Fernandez

5 Tips para recordar de este capítulo

1. Las industrias tradicionales han fracasado por no adaptarse a los cambios.

2. El Mercadeo en red o network marketing es la alternativa para hacer mucho dinero con una pequeña inversión.

3. La clave no es reclutar muchas personas, es desarrollar líderes y duplicarse.

4. Cuidado a quien sigues! Un ciego no puede guiar a otros ciegos.

5. Aprende, aprende y aprende. Estudia red de mercadeo en nuestra escuela en línea **www.academia5estrellas.com**

Capítulo XI.

Sinceridad y el Mero Mero

Sinceridad y el Mero Mero

Sinceridad es una palabra muy pequeña, pero con un gran significado en tu vida, en la de los demás, pero sobre todo ante la presencia de Dios. Estoy convencida de que la falta de sinceridad, no solo afecta grandemente a los que te rodean, sino a ti también y, sobre todo, a los que más te aman.

Recuerdo que una vez —*no me da vergüenza reconocerlo*— venía manejando de la capital de Honduras al pueblo donde resido, Choluteca, y escuché una canción cristiana llamada "Sinceridad". Me enamoré de esa canción y la convertí en mi himno personal. Conozco a muchas personas que no son sinceras ni con ellas mismas, y esto les ocasiona mucho dolor. Muchas de ellas no lo hacen porque sean malas, ni mentirosas, sino más bien por complacer a los demás, y eso es lo más triste.

¿Recuerdas como en este libro hemos mencionado que el problema más grande de uno mismo radica en el hecho de querer escuchar o complacer siempre a los demás?

Alguien te dijo que tú no podías lograr cosas grandes y por eso no las has logrado. Somos lo que tenemos en nuestra mente, si nosotros mismos no creemos que podemos lograr algo, tampoco lo creerá nuestra familia o nuestros amigos, y mucho menos los extraños.- Tengo un amigo que ejerce una profesión con la que no es feliz. Cada vez que entro en su consultorio, me doy cuenta de que está infeliz, a pesar de ser un hombre súper capaz al que yo respeto mucho. Él no quiere que los demás piensen que desperdició su tiempo y dinero estudiando su carrera, el sabe que con su profesión no saldrá adelante, que su profesión no le dará su libertad financiera, pero sigue en ese consultorio, frustrado, a la espera de un nuevo paciente.

Si mi amigo fuera sincero consigo mismo y aceptara que estudio una profesión equivocada pues no le gusta, seguramente ya hubiera cerrado su consultorio y hubiera empezado una nueva aventura, quizás una empresa. Pero ya se acomodó a esa rutina, fue lo que él escogió y que tiene que seguir con la frente en alto hasta que muera, aunque sus sueños de superación murieron mucho tiempo antes que él. Amigos, lo primero que debemos de hacer es tener fe en que podemos alcanzar las cosas grandes que Dios tiene para nosotros pero debemos ser sinceros con nosotros mismos y hacer un análisis de nuestro presente y nuestro futuro, al mismo tiempo preguntarnos: - *¿Estamos felices con la profesión o el trabajo que ejercemos?* - Si no es así, no sigamos mortificándonos, es muy difícil lograr el éxito haciendo lo que no nos gusta.

Lo primero que tienes que hacer es identificar que es lo que te gustaría hacer. Aun cuando los demás crean que estás loca o loco, si eres sincero y empiezas hacer lo que te hace feliz, seguramente pronto se darán cuenta de que eso es mejor para ti y te felicitarán.

Este es el día que tú puedes empezar a cambiar siendo sincero contigo mismo y modificando todo lo que no te hace feliz. Otro punto que nunca debes olvidar es un viejo refrán que aprendí hace muchos años: *«La mentira dura hasta que la verdad aparece»*. Parece broma, pero lo he comprobado una y mil veces. Si no hay necesidad de mentir, no mientas, di lo que tú sabes que puedes hacer sin necesidad de doblar tus propios principios por haber mentido.

Las personas que viven bajo la mentira no son felices, pues tarde o temprano alguien sabe la verdad y las ven como bichos raros, a nadie le gusta ese sentir.

Todos tenemos dentro de nosotros un corazón, alma o como le quieras llamar, que Dios nos dio y que está llena de cosas buenas, nobles grandes y con la capacidad de atraer todo lo que deseamos. Sé siempre sincero contigo y con los demás, verás que serás más feliz y tus amigos y tu familia también.

El Mero-Mero

No siempre lo que dejamos para el final es lo menos importante, de hecho, el Mero-Mero ha sido lo más relevante en mi vida. No quiero que sientas que estoy queriendo mezclar la religión con este libro que tanto me emociona que tengas hoy en tus manos. Antes de contarte un poquito sobre lo que el Mero-Mero hizo por mí y puede hacer por ti, si abres tu mente y tu corazón.- Déjame contarte una historia. Yo estuve casada con un judío. Ninguno de los dos tenía mucho conocimiento de religiones, pero predicaba que lo sabía todo y yo no me quedaba atrás. Los dos éramos soberbios y cuando nos queríamos herir, buscábamos el tema que más nos doliera y claro, por alguna razón terminábamos atacando nuestras creencias religiosas, ya que él era judío y yo supuestamente católica.- Aunque la verdad, no sé si realmente lo era, pues siendo honesta yo crecí asistiendo a la iglesia católica solo cuando habían bautizos, bodas, o para las actividades de la semana santa u otros días festivos. A pesar de no ser religiosa, me sentía frustrada y quería demostrarle a mi ex esposo que Jesús era el hijo de Dios mismo que había venido a la tierra para enseñarnos que era capaz de sacrificarse por nosotros, por lo tanto, los católicos éramos bendecidos pues teníamos la tres divinas personas de nuestra parte: Dios Padre, Dios Hijo y Dios Espíritu Santo.

¿Quién te dijo que no se puede?   *Por Eva Fernández*

Sinceramente, ni él ni yo conocíamos de Dios, ni de religión; ambos éramos ignorantes en el área espiritual. No conocíamos al Dios verdadero ya que jamás sentimos la presencia del Espíritu Santo en nuestras vidas. Por su parte, él se llenaba la boca diciéndome que todos estábamos perdidos, que los únicos salvos y bendecidos eran ellos los judíos pues eran el pueblo escogido. La verdad él era igual que yo, solo había hecho su barmisfa e iba al templo para las fechas especiales como januca, rosh hashaná, etc.

Yo vivía frustrada queriendo probarle que mi religión era mejor que la suya. Aunque eso pasó hace más de una década, ahora me parece gracioso pensar que todo eso fue producto de la inmadurez. Un día decidí tomar *"El toro por los cuernos",* como dicen en mi país y demostrarle quien tenía la mejor religión. Fui a la biblioteca por unos meses y leí todos los libros y documentales de religión que pude encontrar, quería investigar para probarle a mi ex quiénes eran los mejores, si los judíos o los católicos.

Para tener un marco de comparación, tuve que leer también acerca de los musulmanes, cristianos, budistas, ateos, etcétera. Fue allí como un día encontré un libro que escribieron un rabino y un obispo. Este libro muestra cómo el Mero-Mero como yo le llamo a Dios, es un ser omnipotente, un ser sobrenatural, es espíritu, luz, es único, que es capaz de ayudarnos a resolver los problemas más difíciles, siempre que tengamos fe y confiar en ese ser supremo. Nos ayudará en la vida, y muchos de nosotros confiamos en que también nos acompaña después de la muerte, es por eso que todos queremos llegar a él.

Dios tiene una solución fácil a todos nuestros problemas. El libro concluye que todos buscamos al mismo Dios y que para poder entenderlo tienes que imaginártelo sentado en la cima de una montaña y que nuestro propósito es llegar a la cima de esa montaña hasta el estrado de ese todopoderoso, eso es lo que todos queremos sin importar la religión.- Aprendí que la diferencia entre una religión y otra es que unos van en bicicleta, otros en moto, otros en carro, otros a pie, pero al fin todo queremos llegar al mismo Dios. Aunque todos le llamamos de forma diferente, en mi caso le llamo "El Mero-Mero". Otros le llaman Alá, Jesús o simplemente Dios. La religión solo es el vehículo que tomamos para llegar a Dios. Algunos, quizás, ni siquiera deseen tomar un vehículo porque se sienten capaces de llegar caminando y sin la ayuda de nadie eso también es aceptable.
Lo importante es llegar donde ese todopoderoso, que al final de cuentas, de nada servirá querer buscar éxito si no tienes claro que tu solo no eres capaz de nada, Dios es el dueño del oro y de la plata, y con un corazón sincero, pasión, amor y deseos de ayudar a los demás, todas nuestras metas serán más fácil de lograrlas pero siempre con el Dios todopoderoso adelante.

Yo tuve la fortuna de haber conocido la presencia de Dios, El me dejó reconocerle como su hija, ese día mi vida cambió para siempre, me di cuenta que yo no era nada sin la presencia del Espíritu Santo en mi vida y todo ha sido más fácil desde entonces. No te digo que soy una perfecta o que no tengo problemas, de hecho he pasado muchas temporadas de pruebas; unas más duras que otras, pero jamás me he olvidado que soy hija del Mero-Mero y que todas mis metas y visiones van con su bendición.- Tú también puedes acercarte a Dios, solo en tu casa dobla rodillas, como yo, pídele de corazón que te deje conocerle; entrégale todos tus problemas, todo tu pasado completo y pídele que te ayude a comenzar un nuevo día sin cargas, sin viejos fantasmas; así podrás luchar con más facilidad por conquistar tus nuevas metas y dejar el pasado sin importar lo que hayas hecho. Cuando reconoces que eres hija o hijo de Dios todo te es perdonado y olvidado, eres convertido en una nueva persona ya no te importa lo que los demás piensen de ti, pues te sientes liviano y sin cargas.

Vale la pena hacerlo, te invito a que pongas a Dios como el primero en tu vida, si todavía no lo has hecho. Vamos, tú sabes que cuando nos asustamos o decepcionamos, cuando nos pasa una tragedia y que casi a todos nos pasa. Entonces si rodamos lágrimas y nos arrodillamos a pedir perdón y milagros, que seguramente no serán concedidos porque antes nunca invocamos su presencia ni agradecimos por todo lo que Dios nos había dado. Antes de llegar a esos extremos, es mejor darle las gracias por todo lo que tenemos, porque estamos llenos de salud y de pasión por la vida, si Dios está con nosotros no hay nadie contra nosotros.

Para finalizar este capítulo quiero que sepas que todas las metas financieras son importantes pues nos ayudan a tener una vida mejor para nosotros y nuestra familia, pero la riqueza más grande que cada uno de nosotros puede tener, es salud y paz en nuestro corazón.

5 Tips para recordar de este capítulo

1- Si no eres sincero con los demás, tampoco lo eres contigo y eso te causará daño.

2- Más que una religión, lo que necesitamos en nuestra vida es la presencia de Dios.

3- Ningún logro personal tiene sentido si estás distanciado del ser supremo.

4- La mejor forma de alcanzar nuestras metas es de la mano de Dios.

5- Las metas financieras se pueden lograr pero de nada nos servirán si no tenemos salud y paz.

Capítulo XII.

Guía para diseñar el manual de tu vida

Diseña el manual de tu vida

Ya hemos llegado casi al final de este libro, y hemos aprendido muchas cosas que nos ayudarán en nuestro crecimiento personal, yo confío que estás listo para dar tu primer paso al éxito y sé que lo harás, pero ahora debemos hacer algo que aunque parece muy sencillo es súper importante para nuestro futuro financiero. Crearemos juntos el manual de tu vida.

No dejes pasar las próximas 48 horas sin que llenes este manual y lo tomes como una guía para facilitar la visión de tu éxito futuro, lo que aquí escribí lo hice de corazón para ayudarte a dar un primer paso para ayudarte un poco a mejorar y construir un futuro con éxito. No importa lo que pienses que aprendiste, no importa si crees que ya sabes que hacer en tu mente, si no visualizas tus metas y no lo pones por escrito de nada servirá haber leído este libro. *"Cómo un hombre piensa"* de James Allen, explica que en estudios especializados han demostrado que el 3% de los estudiantes que lograron alcanzar su metas, fueron aquellos que tenían una agenda por escrito teniendo clara su visión, así que en este momento tú debes de escribir tus metas a corto, mediano y largo plazo, si estas en serio en querer pertenecer al grupo del 5% de los exitosos.

¿Quién te dijo que no se puede?   *Por Eva Fernández*

Nuestro futuro podemos compararlo, a un nuevo artículo que recién compraste o te lo obsequiaron y debe de ser armado en casa; dentro del paquete vienen muchas piezas y parece que será imposible ensamblarlo pero justo en el momento que lo abres, aparece en la foto el envoltorio original del producto que muestra como quedara ya armado, trae un manual, una guía para enseñarte como ensamblarlo. *Aja dices lleno de alegría ahora sí parece fácil solo debo de seguir las instrucciones.* Así es tu futuro financiero, debes de tu diseñarlo, debes verlo y tener un manual o guía claro para saber cómo ir armandolo todo paso a paso

Si tú te atreves a tomarte el chance de armar ese artículo sin instrucciones y sin ver la foto de cómo quedará terminado, lo más seguro es que, podría tomarte mucho más tiempo del estipulado, incluso, pueda que al final termines frustrados porque el nuevo artículo te quede mal armado y completamente distinto a lo que su creador lo planificó, pues él es el único que sabía exactamente como asamblarlo. ¿Qué pasa si por el contrario armas ese mismo aparato siguiendo las instrucciones del manual que traía al comprarlo?, veras que será mucho más fácil lograr tener ese artículo como la foto de su creador lo diseño. Nosotros somos iguales, todos nacemos para hacer cosas grandes, Dios nos dio un propósito para cada uno de nosotros, pero nos cuesta entenderlo porque no traemos un manual bajo el brazo.

Algo que es muy verídico es que nadie puede diseñar ese manual de vida para nosotros, solo nosotros mismos podemos hacerlo, así que si has tomado en serio el salir adelante financieramente debes de finalizar el manual personalizado de tu vida en esta semana, ese manual que te ayudará a verte a ti mismo en 10, 20, 30 años, si no haces esto, seguro que no sirvió de nada leer este libro. Según las encuestas realizadas el 95% de los seres humanos están destinados al fracaso, debido a que se niegan a hacer lo que se debe hacer para lograr el éxito. Aunque yo tengo fe que los que lean este libro en su mayoría harán el esfuerzo para diseñar este manual de vida, sé que muchos no lo harán, o dirían yo lo hago después y ese después jamás llegará, pero bueno así somos los seres humanos, para los que si están en serio en prosperar empecemos pues a diseñar el manual de tu vida.

Empecemos

Primero toma el tiempo, para meditar y escribir las 5 metas de tu futuro. Podrías escribir mas pero empieza por lo menos con 5, recuerda que todo está en tu mente, si tienes duda o temor y no crees en ti mismo todo será un fracaso, debes tener pensamientos positivos y creer en ti. No importa si tú mismo no crees que puedas realizarlo, escríbelas y verás como tu forma de pensar cambia.

Es importante destacar que estas primeras 5 metas son de vida, para los próximos 5 a 50 años claro depende tu edad o tus propias circunstancias. También escribe 5 metas a mediano y corto plazo.

No importa si fracasas en los intentos por obtener tus metas. Los que han ganado campeonatos mundiales o incluso locales, no los ganaron al primer intento, los ganaron porque sabían que querían hacerlo, tenían clara cuál era su meta e intentaron una y otra vez hasta lograrlo, así que ten paciencia contigo mismo no será de la noche a la mañana que veras los frutos de tu esfuerzo. Sin embargo, piensa en eso que deseas ser en el futuro, escríbelo, siente como que ya lo eres o ya lo has logrado y empieza a trabajar para ello.

Ten presente que todo aquel que logra el éxito, fue porque tuvo una idea y trabajó para ello, no solo fueron pensamientos vagabundos, los verdaderos visionarios, pensadores que han cambiado el mundo han luchado por sus sueños. No lograrás tus objetivos por casualidad, tu éxito dependerá de tu visión, de poner por escrito tus metas y de esforzarte más que los demás, del tamaño de tu esfuerzo así será el tamaño del éxito. Nunca olvides que el que triunfa no abandona la meta, el que abandona la meta no triunfa.

Escribe aquí tus 5 metas a largo plazo.

¿Quién te dijo que no se puede?   *Por Eva Fernández*

¿Quién te dijo que no se puede?   *Por Eva Fernández*

Escribe aquí tus 5 metas a mediano plazo.

_____
_____
_____
_____
_____
_____
_____
_____
_____
_____
_____
_____
_____
_____
_____
_____
_____
_____
_____
_____
_____

¿Quién te dijo que no se puede? *Por Eva Fernández*

¿Quién te dijo que no se puede?   *Por Eva Fernández*

Escribe aquí tus 5 metas a corto plazo.

_____
_____
_____
_____
_____
_____
_____
_____
_____
_____
_____
_____
_____
_____
_____
_____
_____
_____
_____
_____
_____
_____
_____
_____

¿Quién te dijo que no se puede?   *Por Eva Fernández*

¿Quién te dijo que no se puede?   *Por Eva Fernández*

¿Quién te dijo que no se puede?   Por Eva Fernández

    Ya tienes las metas listas, Ahora compra una agenda y empieza a escribir tus obligaciones diarias. No inicies el día sin saber qué es lo que quieres lograr, porque el tiempo es tan valioso como el dinero y no lo desperdicies que después lo vas a lamentar.- Lucha por tus metas, no permitas que nadie te diga que no se puede.- Nunca olvides que todo está en tu mente y cuanto esfuerzo tú pongas para realizar tu visión así será tu logro. Tu futuro no está en las manos de tu compañera o compañero, padres, amigos, gobierno, etc.- Tu futuro financiero está en tus manos, si tienes la visión y luchas por ella, un día las veras cristalizadas. Si tu visión es pequeña terminarás con una resultado pequeño, si tu visión es grande un día tendrás resultados grandes. No tengas mas temor ni dejes para mañana lo que puedes hacer hoy, dale inicio al vuelo de tu vida, *¿Quién te dijo que no se puede?*

Un millón de gracias a todos ustedes que leyeron este libro y a los que han tomado la certera decisión de trabajar estableciendo sus metas y planeando su futuro. ¡Nos vemos en las playas de Honduras. 10% de las ganancias de este libro serán donadas a la fundación, **YO AMO HONDURAS**, *www.yoamohonduras.com*, que tiene como objetivo resaltar la imagen positiva de mi bello país honduras a nivel nacional e internacional. Y a poyar las mujeres en el desarrollo económico social y político. Si tu como yo crees en que las mujeres si podemos, entra a nuestra página y has tu donación.

Agradecimientos

Son muchos los amigos a los que quisiera agradecer con nombre y apellidos pero las páginas de este libro no alcanzarian para hacerlo. Agradezco a todos los que de una u otra forma me han apoyado y han esperado con paciencia ver este libro, en especial a: Al Pastor Andy Valera, a los Pastores Andrea y Eric Night, a Luis Carlos, al Dr. Daniel Quiróz, a Héctor Cermeño a Elizabeth Arias, Hilda de Grandes a mi amigo Andrew Arrambide, a Azalea Scally a Bayardo Martínez, a Samuel Murcia, a mi amigo José Ardan por servirme de inspiración.

Dedico este libro a los inmigrantes

-A ellos, de todo corazón porque son hombres y mujeres, que como yo alguna vez cruzaron las fronteras para llegar a Estados Unidos y arriesgaron sus vidas buscando una vida mejor. Este es el momento de dar un paso más para dejar constancia de lo que somos capaces de hacer los inmigrantes alrededor del mundo.

-A las mujeres que aun cuando son padre y madre siguen luchando por lograr sus sueños.

-A los hombres y mujeres que no tienen barreras en su mente y tienen fe en que un día no muy lejano, lograran sus sueños.

-A mi madre y a mi padre por haberme dado la vida y no dejarme morir aun naciendo falta de tiempo y sabiendo ella que los doctores dictaminaron que yo era un aborto, no permitió ser inyectada para matar el feto como ellos querían, aunque pese únicamente 3 libras y 4 onzas. Logre sobrevivir, gracias a su valentía y cuidado.

-A mis 3 hijos: Cecilia, Christopher y Evita, los amo mucho, son mi razón de vivir.